2단계

2차 개정판

나의 생각 글쓰기

기초 문장력 향상의 길잡이

나의 생각 글쓰기의 구성

나의 생각 글쓰기에는 문장부터 시작하여 문단, 원고지 사용법, 일기, 생활문, 기사문, 설명문, 논설문, 독후감까지 다양한 내용이 실려 있습니다.

1 일기

> 3월 15일 화요일   해님이 방긋방긋
>
> 심장이 쿵쾅쿵쾅!
>
> 　국어 시간에 자기소개를 했다. 내 차례가 되어 친구들 앞에 서니, 다리가 후들거리고 심장이 쿵쾅쿵쾅 뛰었다. 나는 주먹을 꽉 쥐고 용기 내어 자기소개를 했다. 발표를 마치고 자리로 돌아올 때까지 심장이 쿵쾅거렸다. 발표는 정말 떨리고 무섭다.

글감	국어 시간에 자기소개를 했다.
중심 생각	발표는 정말 떨리고 무섭다.

2 생활문

글감	영훈이에게 생일 선물을 주었다.
처음	① 친구들과 영훈이네 집에서 모였다.
가운데	② 친구들이 준비한 선물 가운데 내 것이 가장 형편없어 보였다.
	③ 영훈이에게 선물을 줄까 말까 망설였다.
끝	④ 내가 선물을 건네자, 영훈이는 맘에 든다며 좋아했다.
중심 생각	내 선물이 영훈이 마음에 들어서 다행이다.

3. 설명문

(7) 다음 자료를 바탕으로 '혈구의 종류와 역할'이라는 제목의 설명문을 쓰세요.

혈장	혈액에서 혈구를 제외한 액체 성분. 영양소와 노폐물 등 운반.
혈구	혈액의 고체 성분으로, 혈장 속에 떠다니는 세포. 적혈구, 백혈구, 혈소판이 있음.

	적혈구	백혈구	혈소판
모양	붉은색이며, 납작하고 가운데가 오목한 원반 모양.	적혈구보다 크며, 적혈구와는 다르게 모양이 다양함.	크기가 작으며, 백혈구처럼 모양이 다양함.
역할	헤모글로빈이 몸의 각 부분에 산소를 나름.	몸에 침입한 세균이나 이물질을 없앰.	상처가 났을 때 피를 응고시켜 멎게 함.

4. 논설문

(4) (1) ~ (3)의 내용을 정리하여 '비만을 예방하자'라는 주제의 논설문을 쓰려고 합니다. 다음 표의 빈칸을 채우세요.

처음	① 비만과 어린이 비만의 뜻
가운데	② 패스트푸드 섭취를 줄이자
	③ 텔레비전을 보거나 컴퓨터를 사용하는 시간을 줄이자.
	④ 외식을 줄이고 아침밥을 꼭 챙겨 먹자.
끝	⑤ 어린이 비만의 위험을 알고 비만을 예방하자

5. 독후감

처음	책에 대한 소개
가운데	기억에 남은 부분 1 + 느낌이나 생각
	기억에 남은 부분 2 + 느낌이나 생각
	기억에 남은 부분 3 + 느낌이나 생각
끝	전체적인 느낌

여기서는 기억에 남은 부분을 세 개 쓰고 있습니다. 하지만 기억에 남은 부분을 두 개, 네 개 등 자유롭게 쓸 수 있습니다.

★ ★ ★
2차 개정판
나의 생각 글쓰기 목차

내 생각을 깊게 살피는 것이

내 표현을 확실히 하는 것이다.

- 폴 뉴먼(작가)

1과 한 문장 쓰기

1. 문장 바꿔 쓰기

2. 문장 자세히 쓰기

3. 짧은 글 짓기

1 문장 바꿔 쓰기

 네모에 다른 말을 넣어 문장을 새롭게 쓰세요.

비행기가 　구름 사이로　 날아갑니다.

비행기가 하늘 높이 날아갑니다.

_____

(1) 나는 　종이접기를　 잘합니다.

_____

(2) 나는 　더운 날씨를　 싫어합니다.

_____

네모에 다른 말을 넣어 문장을 두 개 만드세요.

(3) 준영이는   도서관에   있습니다.

①

_____

②

_____

(4) 형진이가   인사를   합니다.

①

_____

②

_____

(5) 나은이가   창밖을   봅니다.

①

_____

②

_____

(6) 나는   높은 곳이   무섭습니다.

①
_____

②
_____

(7)   생일 선물을 받아서   기분이 좋습니다.

①
_____

②
_____

(8)   친한 친구가 전학을 가게 되어서   슬픕니다.

①
_____

②
_____

(9) 형이 내 과자를 먹어서 화가 났습니다.

① _____

② _____

(10) 축구를 하다가 바지가 찢어져서 부끄러웠습니다.

① _____

② _____

(11) 동생이 원숭이 흉내를 내어 웃음이 났습니다.

① _____

② _____

2 문장 자세히 쓰기

 빈칸에 꾸며 주는 말을 넣어 문장을 자세히 쓰세요.

> **귀여운** 아기가 **아장아장** 걸어갑니다.

(1) ☐ 눈이 ☐ 내립니다.

(2) ☐ 바람이 ☐ 불어옵니다.

(3) ☐ 하늘에 구름이 ☐ 떠 있습니다.

(4) ☐ 고양이가 꼬리를 ☐ 흔듭니다.

괄호 안의 내용을 참고하여, ∨에 알맞은 말을 넣어 문장을 자세히 쓰세요.

재훈이는 ∨ ∨ 지우개를 샀습니다. (언제) (어디에서)

재훈이는 어제 문구점에서 지우개를 샀습니다.

(5) 준호는 ∨ ∨ 숙제를 했습니다. (언제) (어디에서)

_____

(6) 소연이는 ∨ ∨ 곰 인형을 샀습니다. (언제) (어디에서)

_____

(7) 찬수와 명진이는 ∨ ∨ 즐겁게 놀았습니다. (언제) (어디에서)

_____

⑻ 지효는 ∨ ∨ 지갑을 잃어버렸습니다. (어디에서) (색깔)

_____

⑼ 영호는 ∨ ∨ 우산을 샀습니다. (어디에서) (크기)

_____

⑽ 호찬이는 진규와 ∨ ∨ 만나기로 했습니다. (언제) (어디에서)

_____

⑾ 재민이는 ∨ ∨ 떡볶이를 먹었습니다. (언제) (어디에서)

_____

⑿ 연화는 어제 ∨ ∨ 색종이로 꽃을 접었습니다. (어디에서) (색깔)

_____

⒀ 창민이는 ∨ ∨ 자전거를 선물 받았습니다. (언제) (색깔)

_____

⒁ 석호는 ∨ ∨ 모자를 샀습니다. (어디에서) (색깔)

_____

⒂ 윤호는 ∨ ∨ 줄넘기를 했습니다. (언제) (어디에서)

_____

3 짧은 글 짓기

 다음 말을 넣어 문장을 만드세요.

시장에 가면

시장에 가면 배추를 살 수 있습니다.

(1) 동물원에 가면

_____

(2) 도서관에 가면

_____

다음 낱말이 들어가게 하여 짧은 글을 지으세요.

원숭이	바나나

원숭이가 바나나를 맛있게 먹습니다.

_____

(3)

친구	약속

_____

(4)

가족	여행

_____

(5)

자전거	하늘

_____

(6)

공원	귀여운

_____

(7)

노란	활짝

_____

(8)

빨간	아주

_____

2과 두 문장 쓰기

1 문장 만들기

두 문장을 이어서 쓸 때, 문장과 문장을 자연스럽게 연결하는 말을 '이어 주는 말'이라고 합니다.

'그리고, 그래서, 하지만, 그런데' 등이 있습니다.

 이어 주는 말이 들어간 두 문장을 한 문장으로 만드세요.

지은이는 노래를 잘합니다. 그리고 춤도 잘 춥니다.

지은이는 노래를 잘하고 춤도 잘 춥니다.

(1) 민지는 옷을 입었습니다. 그리고 거울을 보았습니다.

_____

(2) 태우는 이가 아팠습니다. 그래서 밥을 먹지 못했습니다.

_____

⑶ 세호는 키가 작습니다. 하지만 힘이 셉니다.

_____

⑷ 운동장에서 은수를 만나기로 했습니다. 그런데 은수가 오지 않았습니다.

_____

⑸ 호떡이 너무 뜨거웠습니다. 그래서 후후 불면서 먹었습니다.

_____

⑹ 일기를 쓰려고 필통을 열었습니다. 그런데 연필이 한 자루도 없었습니다.

_____

이어 주는 말을 써서 한 문장을 두 문장으로 만드세요.

색종이를 가져오지 않아서 종이접기를 못 했습니다.

색종이를 가져오지 않았습니다. 그래서 종이접기를 못 했습니다.

(7) 여름은 덥고 겨울은 춥습니다.

_____

(8) 용돈을 받아서 학용품을 샀습니다.

_____

(9) 나는 야구를 좋아하지만 잘하지는 못합니다.

_____

2 사실과 생각

'사실'은 실제로 있었던 일이나, 지금 현재에 있는 일입니다. 우리가 '보고, 듣고, 한 일' 등은 사실입니다.

'생각'은 어떤 일이나 사물에 대해 떠오르는 느낌이나 의견입니다.

친구들과 자전거를 탔습니다. 무척 재미있었습니다.

　　　(사실)　　　　　　　　(생각)

사실을 나타낸 문장에는 ○표, 생각을 나타낸 문장에는 △표 하세요.

(1)
① 아버지와 함께 곤충 박물관에 다녀왔습니다. 　　(　)

② 다양한 곤충을 볼 수 있어서 좋았습니다. 　　(　)

(2)
① 무척 창피했습니다. 　　(　)

② 수업 시간에 방귀를 뀌었습니다. 　　(　)

(3)
① 동생과 다툰다고 어머니께 꾸중을 들었습니다. 　　(　)

② 내가 동생이면 좋겠습니다. 　　(　)

다음 그림에서 알 수 있는 사실을 두 개씩 쓰세요.

(4)

① 바람이 붑니다.

②

_____

_____

(5)

①

_____

_____

②

_____

_____

(6)

①

_____

_____

②

_____

_____

다음 글을 읽고, 생각 문장에 밑줄을 그으세요. 그리고 빈칸에 어울리는 생각 문장을 쓰세요.

(7)

어머니와 함께 치과에 갔다. 의사 선생님께서는 내가 평소에 이를 잘 닦지 않아서 이가 썩었다고 하셨다. 이를 잘 닦지 않은 게 후회되었다. 의사 선생님께서 치료해 주시는 내내 눈물이 났다.

| |
| |

(8)

텔레비전을 보고 있는데 아버지께서 대청소를 하자고 하셨다. 나는 너무 귀찮았다. 아버지께서는 내게 책상과 장난감 정리를 맡기시고, 누나에게는 가구 닦는 일을 맡기셨다. 청소를 끝내고 나니 집안이 반짝반짝 빛났다. | |

그림을 보고, 주어진 문장 뒤에 어울리는 '사실 문장'과 '생각 문장'을 하나씩 쓰세요.

(9)

우리 가족은 지난여름에 바다로 여행을 갔다.

_____

_____

(10)

눈이 내렸다.

_____

_____

3 원인과 결과

어떤 일이 일어난 까닭을 '원인'이라고 하고, 그 원인 때문에 벌어진 일을 '결과'라고 합니다.

| 원인 | 꽃밭에 물을 주었다. | 결과 | 꽃이 활짝 피었다. |

 왼쪽 원인에 알맞은 결과를 찾아 줄로 연결하여 이야기를 완성하세요.

(1) 여름날, 베짱이는 신나게 놀기만 했다. •

• 그래서 추운 겨울을 따뜻하게 보냈다.

(2) 여름날, 개미는 열심히 일했다. •

• 그래서 겨울에 밥도 못 먹고 추위에 떨었다.

다음 원인의 결과가 되는 일을 두 개씩 쓰세요.

원인	뛰어가다가 넘어졌다.
결과	① 그래서 무릎이 까졌다.
	② 그래서 들고 있던 장난감이 부서졌다.

(3)

원인	사탕, 초콜릿, 과자 등을 많이 먹었다.
결과	①
	②

(4)

원인	하굣길에 갑자기 비가 내렸다.
결과	①
	②

다음 결과의 원인이 되는 일을 두 개씩 쓰세요.

원인	① 날마다 운동을 했다.
	② 음식을 골고루 먹었다.
결과	그래서 몸이 튼튼해졌다.

(5)

원인	①
	②
결과	그래서 어머니께 칭찬을 들었다.

(6)

원인	①
	②
결과	그래서 친구가 화를 냈다.

그림을 보고 원인과 결과가 드러나는 이야기를 만드세요.

(7)

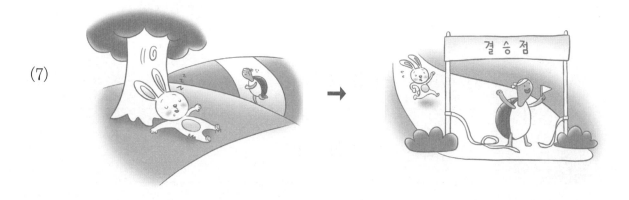

토끼와 거북이의 경주에서 토끼는 잤지만 거북이는 쉬지 않고 달렸다.

그래서

_____

두루미

여우

(8)

_____

_____

3과 원고지 사용법

1 띄어쓰기

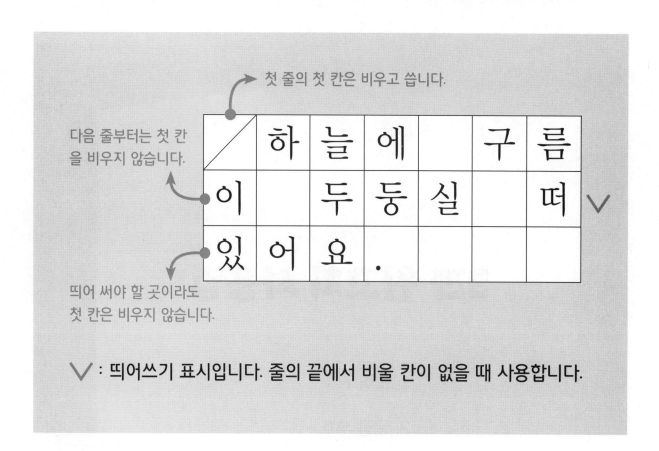

첫 줄의 첫 칸은 비우고 씁니다.

다음 줄부터는 첫 칸을 비우지 않습니다.

/	하	늘	에		구	름
이		두	둥	실		떠
있	어	요	.			

띄어 써야 할 곳이라도 첫 칸은 비우지 않습니다.

∨ : 띄어쓰기 표시입니다. 줄의 끝에서 비울 칸이 없을 때 사용합니다.

다음 문장을 빈칸에 옮겨 쓰세요.

(1) 성진이는 민재와 놀이터에서 술래잡기를 했어요.

/	성	진	이	는		민	재	와

(2) 갑자기 비가 쏟아졌어요.

				·										

(3) 현진이는 부모님과 함께 공원으로 소풍을 다녀왔어요.

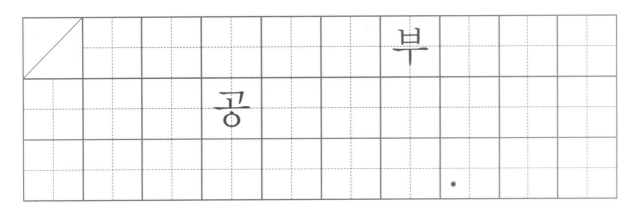

(4) 수현이는 음료수를 마시다가 옷에 쏟았어요.

							옷						
		·											

2 문장 부호

부호	이름	언제 쓸까요?
.	마침표	설명하는 문장 끝에 씁니다.
,	쉼표	부르는 말 뒤나 잠시 쉬어 읽을 곳에 씁니다.
!	느낌표	느낌을 나타내는 문장 끝에 씁니다. 뒤에 한 칸을 띄웁니다.
?	물음표	묻는 문장 끝에 씁니다. 뒤에 한 칸을 띄웁니다.
" "	큰따옴표	대화하는 말을 적을 때 씁니다.
' '	작은따옴표	마음속으로 한 말을 적을 때 씁니다.

다음 문장에 알맞은 문장 부호를 쓰세요.

(1)

	개	미	는		곤	충	이	다	

(2)

	식	탁		위	에		사	과	
딸	기		포	도	가		있	다	

(3)

	뭐	먹	을	래			나	는	
김	밥	을		먹	고		싶	어	

(4)

	형	이			준	아	,	이	리
와		봐	.	”		하	고		말	했
다	.		나	는			‘	또		뭘
시	키	려	는		거	지	?		
하	고		생	각	했	다	.		

다음 문장을 빈칸에 옮겨 쓰세요.

(5) 나는 '내일 눈이 오면 좋겠다.'라고 생각했다.

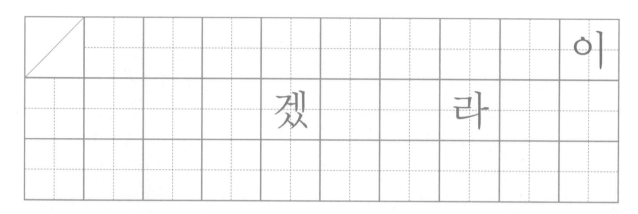

(6) "훈아, 맛있지?" 하고 누나가 물었다. 훈이는 '맛없는데 뭐라 말하지?'라고 생
각하며 미소지었다.

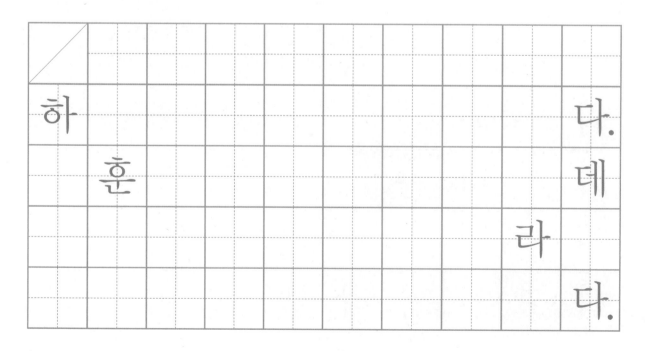

3 숫자 쓰기

아라비아 숫자는 한 칸에 두 자씩 씁니다.

/	20	30	년		12	월		31	일

숫자 개수가 홀수면 앞에서부터 두 자씩 끊어서 씁니다.

/	1	년	은		36	5	일	.	

원고지에 숫자를 올바로 쓴 것에는 ○, 잘못 쓴 것에는 X를 하세요.

(1) 8월 15일은 광복절이다.　　　　　　　　　　　(　　　)

/	8	월		1	5	일	은		광
복	절	이	다	.					

(2) 10월 9일은 한글날이다.　　　　　　　　　　　(　　　)

/	10	월		9	일	은		한	글
날	이	다	.						

다음 문장을 빈칸에 옮겨 쓰세요.

(3) 우리는 오전 10시 30분 기차를 탔다.

(4) 2000원을 내고 500원을 받았다.

(5) 한 학년에 200명씩 총 1200명이 우리 학교에 다닌다.

4과 내 꿈을 말해요

1 준호의 꿈

 다음 글을 읽고 물음에 답하세요.

2학년이 되었습니다. 준호는 정든 친구들과 헤어지고 새 친구, 새 선생님을 만났습니다.

"여러분, 반가워요. 선생님과 함께 1년 동안 즐겁고, 재미있게 공부해요."

선생님께서 웃으며 말씀하셨습니다.

"내일은 친구들에게 자신의 꿈을 발표해 볼 거예요. 어떻게 발표하면 좋을지 잘 생각해 오세요."

집으로 돌아와서 준호는 자신의 꿈에 대해 곰곰이 생각해 보았습니다. 그리고 다음 날 친구들 앞에서 발표했습니다.

> 제 꿈은 수의사입니다.
>
> 수의사가 되어 아픈 동물을 치료해 주고,
> 병에 걸리지 않도록 잘 보살피고 싶습니다.

자신의 꿈

되고 싶은 까닭

준호는 친구들 앞이라 좀 떨렸지만, 바른 자세로 서서 또박또박 큰 소리로 말했습니다.

(1) 준호의 꿈은 무엇인가요?

_____

(2) 준호가 그 꿈을 꾸게 된 까닭을 찾아 쓰세요.

_____

_____

(3) 여러분의 꿈은 무엇인가요?

_____

(4) 그 꿈을 갖게 된 까닭은 무엇인가요?

_____

_____

2 나의 꿈

 다음은 재혁이가 쓴 글입니다.

> 제 꿈은 농부입니다.
>
> 농부가 되어 맛있고 몸에 좋은 쌀과 채소를 키우고 싶습니다. 사람들이 제가 농사지은 쌀과 채소를 먹고 몸과 마음이 건강하고, 행복해지면 좋겠습니다.

(1) 재혁이가 쓴 글을 흉내 내어 여러분도 자신의 꿈에 대해 글을 쓰세요.

5과 쪽지

민주는 윤호와 같은 반 친구입니다. 민주는 어제 하굣길에 윤호가 자신을 도와준 일이 떠올랐습니다. 민주는 윤호에게 고마운 마음을 전하고 싶었습니다. 그래서 다음과 같이 쪽지를 썼습니다.

윤호야,	⌐ 받을 사람
내가 다리를 다쳤을 때 가방을 들어 주어서	
정 말 고마워. 나도 다음에 너를 꼭 도와줄게.	⌐ 전하고 싶은 말
	⌐ 한 줄 비우기
민주가	⌐ 보낸 사람

이처럼 다른 사람에게 하고 싶은 이야기가 있을 때, 짧게 써서 보내는 글을 '쪽지'라고 합니다. 쪽지는 다른 사람에게 자신의 마음을 전하고 싶을 때 씁니다.

'전하고 싶은 말'에는 '있었던 일'과 그 일과 관련해 느꼈던 마음을 적습니다. 그리고 하고 싶은 말이나 다짐 등을 덧붙입니다.

2 누가 더 잘 썼을까?

 한 친구가 두 친구에게 받은 쪽지입니다. 잘 읽고 물음에 답하세요.

건희야,

아까 쉬는 시간에 별명을 불러서 미안해.

다원이가

건희야,

아까 쉬는 시간에 친구들 앞에서 별명을 불러서 미안해. 이제 네가 싫어하는 별명을 부르지 않을게. 화 풀고 친하게 지내자.

해진이가

(1) 쪽지를 받은 사람은 누구인가요?

_____

(2) 쪽지를 보낸 사람은 누구와 누구인가요?

_____ , _____

(3) 전하고 싶은 말이 더 잘 나타난 글은 누가 보낸 쪽지인가요?

_____

다음은 생일을 맞은 친구가 쓴 쪽지입니다. 잘 읽고 질문에 답하세요.

> 은우야,
>
> 이번 주 토요일이 내 생일이야. 그래서 우리 집에서 생일잔치를 하려고 해. 친구들과 함께 맛있는 것도 먹고, 재미있게 놀자. 네가 꼭 와 주었으면 좋겠어.
>
> 때: 20○○년 4월 28일 토요일 12시
> 곳: 우리 집(웃는 아파트 107동 201호)
>
> 승민이가

(1) 누가 누구에게 보내는 쪽지인가요?

(   )가 (   )에게

(2) 승민이의 생일은 언제인가요?

(   )월 (   )일 (   )요일

(3) 생일잔치는 어디에서 하기로 했나요?

_____

(4) 여러분의 생일은 언제인가요? 친구에게 생일 초대 쪽지를 쓰세요.

4 친구야, 고마워!

민주는 윤호에게 쪽지를 쓰기 전에 아래와 같이 표를 만들었습니다.

받을 사람	윤호
전하고 싶은 말	내가 다리를 다쳤을 때, 가방을 들어 주어서 정말 고마웠다. 나도 다음에 윤호를 꼭 도와줄 것이다.

 여러분도 친구에게 고맙거나 미안했던 적이 있지요? 그때를 떠올려 보면서 아래 표를 채우세요.

(1)

받을 사람	
전하고 싶은 말	

(2)

받을 사람	
전하고 싶은 말	

(3)

받을 사람	
전하고 싶은 말	

다음은 민수에게 있었던 일입니다.

쉬는 시간이었습니다. 민수는 우유를 마시다가 엎지르고 말았습니다. 책상과 교실 바닥, 그리고 짝꿍 태희의 책상까지 우유로 엉망이 되었습니다. 민수는 걸레를 가져와 책상과 바닥을 닦았습니다. 그리고 태희에게 미안하다고 사과했습니다. 그런데 태희는 괜찮다며 함께 청소를 도왔습니다. 민수는 태희가 정말 고마웠습니다. 태희처럼 착한 친구와 오랫동안 친하게 지내고 싶었습니다.

하굣길이었습니다. 민수는 친구들과 이야기하다가 진우에게 뚱뚱하다고 말했습니다. 진우는 얼굴이 빨개지며 화를 냈습니다.
"야! 김민수, 너도 뭐 그렇게 날씬하지는 않거든!"
진우는 민수에게 한마디 쏘아붙이고는 집으로 달려갔습니다.
민수는 미안했습니다. 앞으로 말조심을 해야겠다고 생각했습니다.

저녁때였습니다. 어머니께서 경비실에서 우편물을 받아 오라고 시키셨는데, 민수는 까맣게 잊어버렸습니다. 저녁밥을 먹고 동생과 놀고 있는데 초인종 소리가 들렸습니다. 나가 보니 경비 아저씨께서 우편물을 가져다주셨습니다. 다른 일로 바쁘실 텐데 우편물까지 가져다주시는 경비 아저씨가 민수는 무척 감사했습니다. 앞으로는 경비 아저씨께 인사를 더 잘해야겠다고 생각했습니다.

아래 표를 보고 쪽지를 완성하세요.

(1)

받을 사람	태희
전하고 싶은 말	우유를 먹다가 쏟았을 때, 태희가 청소를 도와주어서 고마웠다. 태희처럼 착한 친구와 오랫동안 친하게 지내고 싶다.

	태희야,
	우유를 먹다가 쏟았을 때, 청소를 도와주어서 고마워.

(2)

받을 사람	진우
전하고 싶은 말	친구들과 함께 있을 때, 진우에게 뚱뚱하다고 말해서 미안했다. 앞으로 말조심을 하겠다.

여러분이 민수가 되어 표를 완성하고 쪽지를 쓰세요.

(3)

받을 사람	경비 아저씨
전하고 싶은 말	

* 웃어른께 쪽지나 편지를 보낼 때는, 보내는 사람의 이름 뒤에 '올림'이라고 씁니다.

6 내가 쓰는 쪽지

 여러분도 고맙거나 미안한 마음을 전하고 싶은 사람이 있지요? 그 사람을 떠올리며 아래 표를 채우고 쪽지를 쓰세요.

(1)

받을 사람	
전하고 싶은 말	

6과 일기

1 일기는 어떤 글인가요?

일기는 내게 오늘 '있었던 일'을 적은 글입니다.

일기를 쓸 때는 오늘 있었던 일 모두를 적는 것이 아니라, '그중 가장 기억에 남은 일' 하나만 적습니다. 그리고 그 일을 겪으면서 내가 느끼거나 생각했던 것도 함께 씁니다.

민영이는 일기를 쓰기 전에 오늘 '있었던 일'을 떠올려 보았습니다. 여러 일이 있었지만, 아래의 일이 가장 기억에 남았습니다.

있었던 일	독감 예방 주사를 맞았다.
느낌이나 생각	정말 무서웠다.

다음은 민영이가 쓴 일기입니다.

> 11월 4일 수요일   나뭇잎이 살랑살랑
>
> 무서운 주사
>
> 오늘은 독감 예방 주사를 맞는 날이다. 학교 수업이 끝나자마자

어머니와 함께 병원에 갔다. 하얀 옷을 입은 간호사 선생님께서 말씀하셨다.

"옷을 걷어 올리세요."

먼저 온 아이가 잔뜩 겁먹은 얼굴로 팔을 내밀었다. 나 역시 '뾰족한 바늘로 찌르면 얼마나 아플까?' 하는 생각이 들었다.

드디어 내 차례가 되었다. 나는 주사 놓는 모습을 보지 않으려고 눈을 꼭 감았다. 드디어 주사를 다 맞고 주사실에서 나왔다. 팔에 빨간 바늘 자국이 보였다. 주사 맞는 것은 정말 무섭다.

일기는 오늘 내게 '있었던 일'과 그 일을 겪으며 내가 '느끼거나 생각한 것'을 곁들여 쓴 글입니다. 이때, '있었던 일'을 '글감'이라고 하고, '느낌이나 생각'을 '중심 생각'이라고 합니다.

다음은 민영이가 쓴 일기의 '글감'과 '중심 생각'입니다.

글감	독감 예방 주사를 맞았다.
중심 생각	주사 맞는 것은 정말 무섭다.

내가 글에서 담고자 하는 내용을 '글감'이라고 합니다. 일기에서는 오늘 하루 동안 나에게 '있었던 일'이 글감이 됩니다.

진호는 하루를 돌아보며 '있었던 일(글감)'을 떠올려 보았습니다.

때	있었던 일(글감)
학교 가기 전	일어나라고 어머니가 세 번이나 깨우셨다.
학교 가면서	동진이에게 웃긴 이야기를 들었다.
학교에서	국어 시간에 자기소개 발표를 했다.
집에 오면서	똥이 마려워 집까지 있는 힘껏 달려갔다.
집에서	동생과 함께 사진첩을 보았다.

진호는 국어 시간에 자기소개를 한 일로 일기를 썼습니다.

3월 15일 화요일   해님이 방긋방긋

심장이 쿵쾅쿵쾅!

국어 시간에 자기소개를 했다. 내 차례가 되어 친구들 앞에 서니, 다리가 후들거리고 심장이 쿵쾅쿵쾅 뛰었다. 나는 주먹을 꽉 쥐고 용기 내어 자기소개를 했다. 발표를 마치고 자리로 돌아올 때까지 심장이 쿵쾅거렸다. 발표는 정말 떨리고 무섭다.

(1) 빈칸에 오늘 여러분에게 '있었던 일'을 쓰세요. 마지막 칸의 '때'는 여러분이 정하여, '있었던 일'과 함께 쓰세요.

때	있었던 일(글감)
학교 가기 전	
학교 가면서	
학교에서	
집에 오면서	
집에서	

3 글감과 중심 생각

 다음 일기를 읽고 알맞은 '글감'과 '중심 생각'에 동그라미 하세요.

(1)

> 4월 10일 금요일   구름이 뭉게뭉게
>
> 점심에 어머니와 빵을 만들었다. 어머니는 밀가루 반죽으로 여러 가지 모양을 만드셨다. 나와 언니도 어머니를 따라 동그라미, 세모, 네모 모양으로 빵을 만들었다.
>
> 우리는 빵을 만들면서 얼굴에 밀가루를 묻히기도 하고, 누가 더 예쁘게 만드는지 뽐내기도 했다. 빵 만들기는 정말 재미있었다.

글감	① 점심에 빵을 먹었다.	( )
	② 어머니와 빵을 만들었다.	( )
중심 생각	③ 빵 만들기는 정말 재미있다.	( )
	④ 빵을 만들며 얼굴에 밀가루를 묻혔다.	( )

(2)

5월 20일 금요일　해가 구름을 이긴 날

　창진이와 놀이터에서 공놀이를 했다. 한참 공을 차다 보니 땀이 나고 다리도 아팠다. 그래서 우리는 의자에 앉아 쉬기로 했다. 그런데 조금 있으니 할머니 두 분이 오셔서 두리번거리며 앉을 자리를 찾으셨다. 하지만 주변에는 빈자리가 없었다.

　창진이와 나는 서로 얼굴을 쳐다보고는 얼른 일어나 자리를 양보해 드렸다.

　"할머니, 여기 앉으세요."

　할머니께서는 우리에게 고맙다고 말씀하셨다. 다리는 아팠지만, 기분은 좋았다.

글감	① 다리가 아팠다.	(　)
	② 할머니께 자리를 양보했다.	(　)
중심 생각	③ 할머니 두 분이 자리를 찾고 계셨다.	(　)
	④ 다리는 아팠지만, 기분은 좋았다.	(　)

(3)

4월 25일 금요일   바람이 쌩쌩

저녁을 먹고 나서 숙제를 하고 있었다. 그런데 동생이 자꾸 옆에서 장난을 쳤다. 장난감을 책상 위에 올려놓기도 하고, 책상 위에 올라가 '쿵쿵' 뛰기도 했다. 동생이 뛸 때마다 책상이 흔들렸다. 하지 말라고 해도 동생은 내 말을 듣지 않았다.

결국, 필통이 바닥으로 떨어지면서 망가져 버렸다. 그 필통은 민수가 생일 선물로 준 것이었다. 나는 너무 화가 나서 동생에게 꿀밤을 때렸다. 필통을 망가뜨린 동생이 너무 얄밉다.

글감	① 동생이 너무 얄밉다. (　　　)
	② 동생이 장난을 쳐서 필통이 망가졌다. (　　　)
중심 생각	③ 동생이 너무 얄밉다. (　　　)
	④ 동생에게 꿀밤을 때렸다. (　　　)

다음 일기를 읽고, 아래 표의 빈칸을 채우세요.

(4)

> 6월 2일 금요일 　바람이 살랑살랑
>
> 　통합 시간이었다. 선생님께서 준비해 온 찰흙을 꺼내라고 하셨다. 그런데 아무리 가방 속을 뒤져도 찰흙이 보이지 않았다. 어젯밤, 어머니께서 가방에 넣으라며 책상에 두고 가셨는데 나중에 챙긴다고 미루다가 깜빡 잊은 것이었다.
>
> 　친구들은 찰흙으로 사람도 만들고 비행기도 만들었다. 무척 재미있어 보였다. 하지만 나는 심심하고 지루했다. 찰흙이 없어 아무것도 만들지 못했기 때문이다. 이제부터 미루지 않고 준비물을 바로바로 챙겨야겠다.

글감	찰흙을 가져오지 않아 수업 시간에 아무것도 만들지 못했다.
중심 생각	

(5)

6월 28일 금요일   맑음

　숙제를 하려고 필통을 열었다. 그런데 어제 새로 산 자동차 지우개가 보이지 않았다. 책상과 가방을 다 뒤져 보아도 없었다. 문득, 어제 동생이 내 지우개를 갖고 싶어 했던 것이 떠올랐다.

　"야, 강성훈. 내 자동차 지우개 어디다 숨겼어? 얼른 내놔!"

　나는 동생에게 소리쳤다.

　"나, 안 숨겼어. 그리고 지우개는 보지도 못했어!"

　화가 나서 씩씩거리는 동생을 보니 정말 가져가지 않은 것 같았다. 나는 지우개를 찾으려고 집안을 다 뒤졌지만 찾지 못했다. 지우개를 잃어버려서 너무 속상했다.

글감	①
중심 생각	②

(6)

7월 1일 금요일   구름이 둥실둥실

　윤지와 놀이터에서 놀고 집으로 돌아오는 길이었다. 현관 앞에 강아지 한 마리가 앉아 있었다. 강아지는 밥을 못 먹었는지 배가 쏙 들어가 있었다. 털은 빗자루처럼 거칠거칠하고 다리에는 상처가 나 있었다.
　강아지에게 주인을 찾아주려고 주변을 둘러보았지만 아무도 없었다. 어쩔 수 없이 강아지를 안고 집으로 들어왔다. 강아지는 추운지 몸을 바들바들 떨었다. 그 모습이 무척 가여웠다. 나는 어머니와 함께 강아지에게 밥을 주고 아픈 곳도 치료해 주었다. 강아지 주인이 빨리 나타나면 좋겠다.

글감	①
중심 생각	②

학교에 가다가 <u>친구</u>를 만났다. (친구 이름)

학교에 가다가 은호를 만났다.

수현이는 <u>꽃</u>을 좋아한다. (꽃 이름)

수현이는 튤립을 좋아한다.

이처럼 글을 쓸 때는 자세히 표현하는 것이 좋습니다.

 괄호 안의 도움말을 이용해 문장을 자세히 쓰세요.

(1) 저녁을 먹고 <u>책</u>을 읽었다. (책 제목)

_____

(2) 수업을 마치고 <u>친구</u>와 놀이터에 갔다. (친구 이름)

_____

(3) 어머니께서 과일을 사 오셨다. (과일의 종류)

_____

(4) 해수는 운동을 좋아한다. (운동의 종류)

_____

(5) 동생은 채소를 잘 먹지 않는다. (채소의 종류)

_____

(6) 윤주는 문구점에 가서 학용품을 샀다. (학용품의 종류)

_____

괄호 속의 도움말을 이용하여 문장을 자세히 쓰세요.

풍선이 바람에 날아갔다. (풍선의 색깔)

노란 풍선이 바람에 날아갔다.

(7) 나비가 장미꽃 위에 앉았다. (나비의 색깔)

_____

(8) 지은이는 곰 인형을 좋아한다. (곰 인형의 크기)

_____

(9) 유빈이는 머리에 분홍 핀을 꽂고, 둥근 안경을 썼다. (머리의 길이)

_____

밑줄 친 곳에 꾸미는 말을 넣어 문장을 자세히 쓰세요.

빗방울이 후드득 떨어졌다.

굵은 빗방울이 후드득 떨어졌다.

⑩ 찬우는 병에 _____ 물을 담았다.

_____

⑪ _____ 배가 강물 위에 둥실둥실 떠 있다.

_____

⑫ 마술사는 주머니에서 _____ 꽃을 꺼냈다.

_____

밑줄 친 곳에 꾸미는 말을 넣어 문장을 자세히 쓰세요.

토끼가 숲을 ＿＿＿＿＿ 뛰어간다.

귀여운 토끼가 숲을 깡충깡충 뛰어간다.
＿＿＿＿＿＿＿＿＿＿＿＿＿＿＿＿＿＿＿＿

---

(13) ＿＿＿＿＿ 바람이 ＿＿＿＿＿ 불어온다.

_____

(14) ＿＿＿＿＿ 포도가 ＿＿＿＿＿ 열렸다.

_____

(15) ＿＿＿＿＿ 아기가 ＿＿＿＿＿ 웃는다.

_____

5 강호의 하루

　어머니께서 부르시는 소리에 강호는 겨우 잠이 깼습니다. 시계를 보니, 일어나야 할 시간이 한참 지났습니다. 강호는 결국 지각을 했습니다. 그래서 선생님께 꾸지람을 들어야 했습니다.

　'으……. 어제 밤늦게까지 게임을 하지만 않았어도…….'

　어머니 몰래 게임을 하고 늦게 잔 것을 후회했습니다. 강호는 이제부터 늦게까지 게임을 하지 말고 일찍 자고 일찍 일어나야겠다고 생각했습니다.

　수업 시간이었습니다. 선생님께서 덧셈, 뺄셈 문제를 칠판 가득 써 놓으시고 나와서 풀어 보라고 하셨습니다. 낑낑대며 풀어 보았지만, 답을 틀리는 아이들이 대부분이었습니다. 그런데 강호는 어제 열심히 예습해 두었기 때문에 쉽게 풀 수 있었습니다. 기특하게 여긴 선생님께서 강호의 머리를 쓰다듬으며 칭찬해 주셨습니다. 강호는 마음이 뿌듯했습니다.

　오후가 되어 집으로 돌아온 강호는 어머니와 함께 공원에 자전거를 타러 나갔습니다. 강호와 어머니는 공원 입구에서 수돗가까지 누가 먼저 갔다 오는지 자전거 경주를 했습니다. 강호가 이겨서 어머니께서 아이스크림을 사 주셨습니다. 강호는 경주에 이겨서 기분이 좋았습니다.

저녁이 되자, 아버지께서 회사에서 돌아오셨습니다. 그런데 나쁜 소식이 있었습니다. 아버지께서 내일 출장을 가시는 바람에 주말에 있을 강호의 태권도 시합에 못 오시게 된 것입니다. 강호는 이번 시합에서 부모님께 멋지고 의젓한 모습을 보여 드리기 위해 열심히 운동했습니다. 그런데 아버지께서 그 모습을 보지 못하신다고 생각하니 너무 아쉬웠습니다.

 강호가 일기를 쓰려고 합니다. 윗글에서 일기의 글감과 중심 생각을 네 개 찾아 쓰세요.

(1)

글감	① 늦잠을 자서 ( )을 했다.
중심 생각	② 늦게까지 ( )을 하지 말고 일찍 자야겠다.

(2)

글감	①
중심 생각	②

(3)

글감	①
중심 생각	②

(4)

글감	①
중심 생각	②

⑸ 72~73쪽의 표 ⑴~⑷ 가운데 하나를 골라, 여러분이 강호가 되어 그림일기를 쓰세요.

월   일   요일   날씨:
제목:

⑹ 72~73쪽의 표 (1)~(4) 가운데 하나를 골라, 여러분이 강호라고 생각하고 일기를 쓰세요.

월 일 요일 날씨:		
제목:		

6 나의 일기

(1) 오늘 '있었던 일'을 떠올려 본 뒤, 아래 표를 완성하세요.

글감	
중심 생각	

글감	
중심 생각	

글감	
중심 생각	

(2) 77쪽의 표 가운데 하나를 골라 일기를 쓰세요.

	월　　　일　　　요일　　날씨:
제목:	

7과 겪은 일 쓰기

일기와 생활문은 내가 겪은 일 가운데 '기억에 남은 일'을 적은 글입니다. 일기가 겪은 일 가운데 오늘 있었던 일을 골라 쓰는 글이라면, 생활문은 겪었던 때와 상관없이 글감을 골라 쓰는 글입니다.

친구

지난 5월의 일이다.

학교 수업이 끝나고 밖으로 나왔더니 비가 내리고 있었다. 나는 우산을 갖고 오지 않았기 때문에 집에 갈 생각을 하니 앞이 캄캄했다.

"수영아, 너 우산 없니?"

친한 친구인 한솔이가 우산을 펴며 말했다.

"응. 엄마가 아침에 갖고 가라고 하셨는데 귀찮아서 그냥 왔거든."

내 말을 들은 한솔이가 우산을 함께 쓰자고 했다.

우리는 함께 우산을 쓰고 갔다. 그런데 빗방울이 점점 굵어졌다. 나는 한솔이가 비를 맞을까 봐 우산을 살짝 한솔이 쪽으로 밀었다. 그러자 한솔이가 나를 쳐다보며 우산을 내 쪽으로 밀었다. 그렇게 우리는 서로 우산을 상대에게 밀며 걸었다. 그러다 우리 둘은 서로를 쳐다보며 누가 먼저랄 것도 없이 까르르 웃었다.

이 일이 있고 난 뒤에 우리는 더욱 친해졌다. 나는 마음씨 착한 친구가 있어서 행복하다.

이 글은 '친구가 비를 맞을까 봐 서로 우산을 밀었다.'라는 이야기가 주요 내용입니다. 이것이 이 글의 '글감'입니다.

글쓴이는 마지막에 '마음씨 착한 친구가 있어서 행복하다.'라는 자기 생각을 말했습니다. 이것을 '중심 생각'이라고 합니다.

이처럼 자기가 겪은 일 가운데 하나를 글감으로 하여 내용을 자세히 쓰고, 중심 생각을 나타내면 생활문이 됩니다.

글감	친구가 비를 맞을까 봐 서로 우산을 밀었다.
중심 생각	마음씨 착한 친구가 있어서 행복하다.

2 꽃밭에서 생긴 일

 다음 글을 읽고, 표를 완성하세요.

꽃밭에서 생긴 일

어제 오후였다. 나는 학교에서 돌아오자마자 마당으로 갔다. 마당 한쪽에는 어머니와 내가 심어 놓은 꽃들이 옹기종기 모여 자라고 있었다.

"많이 먹고 쑥쑥 자라라."

꽃밭에 물을 뿌려 주고는 알록달록 예쁜 꽃들을 바라보았다. 조금 있으니 나비가 날아와 꽃 위에 앉았다. 뒤이어 동생 진우가 사뿐사뿐 꽃밭으로 뛰어 들어갔다. 진우는 나비를 잡는다며 이리저리 꽃밭을 밟고 다녔다.

꽃이 밟히는 걸 보니 화도 나고, 꽃이 불쌍하기도 했다.

"진우야, 꽃들도 느낌이 있다는 거 알아?"

진우가 나를 빤히 보며 되물었다.

"꽃한테 어떻게 느낌이 있어?"

"봐! 네가 밟고 간 자리의 꽃들은 슬퍼서 고개를 숙였잖아. 그 옆에 있는 꽃들은 이렇게 밝게 웃고 있는데 말이야. 그러니까 함부로 꽃을 밟으면 안 돼!"

진우는 꽃밭을 빙 둘러보더니 밟혀서 시든 꽃들에게 다가갔다.

그러고는 물을 떠다가 꽃밭에 부어 주며 "미안해!" 하고 말했다. 꽃들이 건강하게 잘 자라면 좋겠다.

(1)

언제	어제 오후
있었던 일	동생이 ①(　　　　　)에 들어가 ②(　　　　　)을 밟았다. 그래서 ③(　　　　　)을 밟으면 안 된다는 것을 알려 주었다.
생각이나 느낌	④(　　　　　)들이 건강하게 잘 자라면 좋겠다.

 다음 글을 읽고, 표를 완성하세요.

자전거 타기 성공한 날

　일요일 오후였다. 심심해서 집 안을 돌아다니다 보니 베란다에 세워 놓은 자전거가 눈에 띄었다. 나는 다가가서 손잡이와 안장을 쓰다듬었다. 그러고는 돌아서는데 등 뒤에 아버지께서 서 계셨다.

　"태은아, 아빠랑 자전거 타러 갈래?"

　나는 고개를 저었다. 자전거를 타다가 넘어져서 무릎을 다쳤던 일이 떠올랐기 때문이다.

　"괜찮아! 아빠가 넘어지지 않게 뒤에서 꼭 잡아 줄게."

　"정말요? 정말 넘어지지 않게 뒤에서 꼭 붙들고 계셔야 해요."

　나는 아버지와 함께 놀이터로 나갔다.

아버지께서 자전거를 잡아 주셨는데도 나는 균형을 잡지 못하고 자꾸만 쓰러지려고 했다. 그럴 때마다 포기하고 싶었다. 그러면 아버지께서는 큰 소리로 말씀하셨다.

"조금만 더 연습하면 혼자서 탈 수 있겠는걸? 자, 출발!"

나는 힘들었지만, 아버지의 말씀에 용기를 내어 다시 페달을 밟았다. 한참을 타다 보니 아버지의 목소리가 멀리서 들려왔다.

"와! 우리 태은이 이제 혼자서도 잘 타는데?"

반 바퀴를 도니 나를 향해 손을 흔들고 계신 아버지의 모습이 보였다. 나는 구름 위를 둥실둥실 떠다니는 기분이 들었다. 너무 좋아서 "아버지!" 하고 큰소리로 외치며 힘차게 달렸다. 한참을 타다 해 질 녘이 돼서야 집으로 돌아왔다. 자전거를 혼자 탈 수 있게 되어 참 뿌듯하다.

(2)

언제	
있었던 일	
느낌이나 생각	

3 글감과 중심 생각

 여러분이 겪은 일 가운데 생활문으로 쓰고 싶은 이야기를 아래와 같이 표에 정리하세요.

제목	내가 가장 창피했던 날
언제	일주일 전.
있었던 일	글짓기 대회 상장을 나누어 줄 때, 다른 친구의 이름을 내 이름으로 잘못 알아듣고 앞으로 나갔다.
느낌이나 생각	무척 창피하고 부끄러웠다.

(1)

제목	내가 가장 슬펐던 날
언제	
있었던 일	
느낌이나 생각	

(2)

제목	내가 가장 기뻤던 날
언제	
있었던 일	
느낌이나 생각	

(3)

제목	내가 가장 화났던 날
언제	
있었던 일	
느낌이나 생각	

4 시간을 나타내는 말

시간은 크게 과거, 현재, 미래로 나뉩니다. 현재보다 먼저 있었던 일은 '과거', 현재보다 나중에 일어날 일은 '미래'라고 합니다. 우리말에는 시간을 나타내는 표현이 다양합니다.

과거	현재	미래
어제, 지난달, 작년, 어릴 때 등.	지금, 요즈음, 현재 등.	내일, 다음 달, 내년, 한참 뒤 등.

시간을 나타내는 말에 따라 문장 끝에 오는 말도 달라집니다.

과거	현재	미래
∼ 했다.	∼ 한다. ∼ 하고 있다.	∼ 할 것이다.

나는 **어제** 책을 읽었다.

나는 **지금** 책을 읽는다(읽고 있다).

나는 **내일** 책을 읽을 것이다.

밑줄 친 말을 보고, 빈칸에 '시간을 나타내는 말'을 알맞게 쓰세요.

(1) ① 해수는 _____ 자전거를 <u>탔다</u>.

　　② 해수는 _____ 자전거를 <u>탄다</u>.

　　③ 해수는 _____ 자전거를 <u>탈 것이다</u>.

(2) ① 원희는 _____ 그림을 <u>그렸다</u>.

　　② 원희는 _____ 그림을 <u>그린다</u>.

　　③ 원희는 _____ 그림을 <u>그릴 것이다</u>.

(3) ① 재아는 <u>일주일 전에</u> 영화를 _____ .

　　② 재아는 <u>지금</u> 영화를 _____ .

　　③ 재아는 <u>열흘 뒤에</u> 영화를 _____ .

5 시간 순서대로 써요

겪은 일은 시간 순서에 따라 차례대로 씁니다.

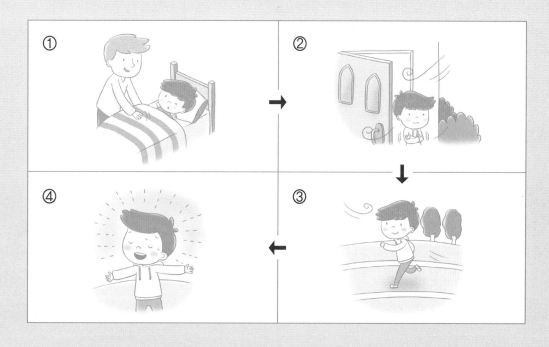

① 일요일 아침에 운동을 하자며 아버지께서 나를 깨우셨다.

② 밖으로 나가니 바람이 불고 추웠다.

③ 운동장 두 바퀴를 뛰고 나니 추위가 싹 달아났다.

④ 운동을 하고 나니 기분이 상쾌하고 좋았다.

(1) 다음 문장을 읽고, 시간 순서에 맞게 번호를 쓰세요.

① 점심을 먹고 보물찾기를 했는데 나는 한 개도 찾지 못했다.

② 어제 아침, 우리 반은 공원으로 소풍을 갔다.

③ 가진 것을 나눌 줄 아는 나은이가 참 좋은 친구라는 생각이 들었다.

④ 나은이가 다가와 자기가 찾은 보물 가운데 한 개를 내게 주었다.

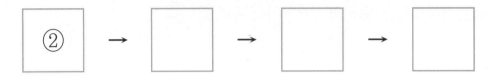

(2) 다음 문장을 읽고, 순서에 맞게 옮겨 쓰세요.

① 점심에 산 위에서 김밥을 먹었다. 산에서 먹으니 맛이 더 좋았다.

② 내려오는 길에 미끄러져서 엉덩방아를 찧었다. 그래도 즐거웠다.

③ 지난주 토요일 아침, 가족과 함께 등산을 갔다.

④ 산에 오를 때 오르막길이 많아서 무척 힘들었다.

지난주 토요일 아침, 가족과 함께 등산을 갔다.

6 내가 겪은 일

 여러분이 겪은 일 가운데 하나를 골라 표를 완성하고 생활문을 쓰세요.

(1)

언제	
있었던 일	
느낌이나 생각	

제목:

8과 설명하는 글

1 설명하는 글이란?

읽는 사람이 어떤 것에 대해 잘 알 수 있도록 이해하기 쉽게 풀어 쓴 글을 '설명하는 글'이라고 합니다.

> ① 사탕은 설탕을 끓여서 만든, 단맛이 나는 음식입니다.
> (설명하는 글)
>
> ② 사탕을 많이 먹으면 안 됩니다. 왜냐하면, 이가 썩을 수 있기 때문입니다.
> (주장하는 글)

①은 어떤 것에 대해 '사실'을 쓴 설명하는 글입니다. 그러나 ②는 자신의 의견(주장)을 쓴 것으로, 설명하는 글이 아닙니다.

 문장을 읽고 설명하는 글에는 '설', 주장하는 글에는 '주'라고 쓰세요.

(1)

① 도서관은 책을 모아 두고, 사람들이 그것을 보거나 빌려 갈 수 있도록 만든 곳이다. (　　　)

② 도서관에서는 조용히 해야 한다. 왜냐하면, 책을 읽는 사람들에게 방해가 되기 때문이다. (　　　)

(2)

① 채소를 잘 먹어야 한다. 채소에는 좋은 영양소가 들어 있어 몸을 튼튼하게 해 주기 때문이다. ( )

② 채소는 우리가 먹으려고 밭에서 기르는 식물이다. 무, 배추, 시금치, 오이, 당근 등이 있다. ( )

(3)

① 책을 읽으면 지식을 쌓을 수 있고, 삶의 교훈을 얻을 수 있다. 따라서 책을 읽어야 한다. ( )

② 책의 종류에는 동화책, 과학책, 그림책, 역사책, 백과사전 등이 있다. ( )

(4)

① 교실은 학교에서 선생님이 학생들을 가르치는 곳이다. ( )

② 교실에서는 쓰레기를 쓰레기통에 버려야 한다. 바닥에 버리면 교실이 지저분해지기 때문이다. ( )

2 그림을 보고 설명해요

집에서 학교까지 가는 길입니다. 그림을 보고 빈칸을 채워 학교 가는 길을 설명하세요.

(1)

	① 집을 나와서 왼쪽에 있는 (　　　　　)을 지나 앞으로 쭉 간다.
② (　　　　　)이 있는 오른쪽 골목으로 들어간다. 삼거리가 나오면	
(　　　　　) 과 (　　　　　) 사이에 있는 골목으로 들어간다. ③ 그	
길 로 계속 쭉 가면 (　　　　　)가 있다.	

그림을 보고, 빈칸에 알맞은 낱말을 넣어 횡단보도 건너는 방법을 설명하세요.

(2)

① 신호등이 ( )불일 때는 멈추고 ( )불로	
바 뀔 때까지 기다린다. ② 신호등이 초록불로 바뀌면 ( )	
가 오는지 안 오는지 왼쪽과 ( )을 잘 살핀다. ③ 차가 멈춘	
것 을 확인한다. ④ ( )을 들고 횡단보도를 건넌다.	

3 한 줄로 설명해요

오른쪽의 도움말을 이용하여 보기와 같이 설명하는 문장을 만드세요.

가지, 오이, 당근은 채소이다.	채소

(1)		과일

(2)		학용품

야구공은 작지만, 축구공은 크다.	야구공과 축구공의 크기

(3)		소금과 설탕의 맛

(4)		토끼와 다람쥐의 꼬리 길이

그림과 도움말을 보고, 보기와 같이 설명하는 문장을 만드세요.

시침, 분침, 초침

시곗바늘은 시침, 분침, 초침으로 이루어져 있다.

뿌리, 줄기, 잎

(5) 나무는

핸들, 안장, 바퀴 등

(6) 자전거는

다음 글을 읽고 질문에 답하세요.

여러 나라의 인사법

우리는 사람을 만나면 반갑게 인사를 나눕니다. 그런데 나라마다 인사하는 방법이 다릅니다. 세계 여러 나라 사람들은 어떻게 인사할까요?

우리나라 사람들은 허리를 굽혀 인사합니다. 상대와 조금 떨어져서 고개와 허리를 숙여 절하고, 인사말을 주고받습니다.

몽골 사람들은 껴안으며 인사합니다. 상대에게 가까이 다가가서 서로를 껴안고 상대방의 몸 냄새를 맡습니다. 그러고는 인사말을 나누며 반가움을 나타냅니다.

사우디아라비아 사람들은 뺨을 대며 인사합니다. 상대에게 가까이 다가가서 서로의 뺨을 가볍게 댑니다. 그러면서 서로의 어깨를 두드리며 반가움을 표현합니다.

티베트 사람들은 혀를 쏙 내밀며 인사합니다. 상대와 조금 떨어져서서 혀를 길게 내밉니다. 혀를 내미는 행동은 상대를 존경한다는 의미입니다.

이렇게 나라마다 인사법이 다릅니다. 하지만 상대방에게 반가움과 친근감을 표시한다는 점에서는 모두 같습니다.

(7) 윗글은 무엇에 대한 설명인가요?

_____

(8) 빈칸을 채워 윗글의 내용을 정리하세요.

나라	인사하는 방법
우리나라	허리를 굽혀 인사한다.

(9) 그림을 보고 빈칸에 알맞은 말을 넣어 인사법을 설명하세요.

에스키모 사람들은 인사를 할 때 서로 마주

보며 ㅋ 를 비빈다.

다음 자료를 이용하여 설명하는 글을 쓰세요.

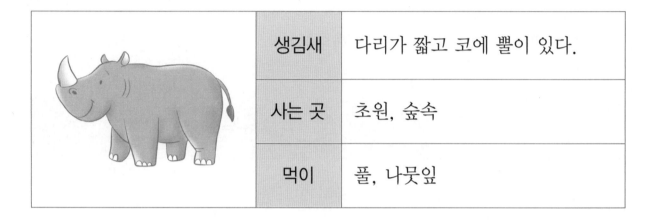

	생김새	다리가 짧고 코에 뿔이 있다.
	사는 곳	초원, 숲속
	먹이	풀, 나뭇잎

	코뿔소는 다리가 짧고 코에 뿔이 있다. 초원이나 숲속에 살면서 풀이나
나	뭇잎을 먹는다.

(1)

	생김새	몸이 단단하고 이빨이 뾰족하다.
	사는 곳	물 속, 늪
	먹이	새, 물고기 등

악어는 ( )이 단단하고, ( )이 뾰족하다. 물	
속 이나 ( )에 살면서 새나 ( ) 등을 먹는다.	

(2)

	생김새	몸집이 크고, 코가 매우 길다.
	사는 곳	정글, 초원
	먹이	과일, 나무껍질, 풀 등

(3)

	생김새	① 키가 무척 크다. ② 꽃은 크고 둥글며, 꽃잎은 노란색이다. ③ 꽃의 가운데에는 씨가 많이 박혀 있다.
	쓰임	해바라기 씨는 통째로 먹기도 하고, 씨를 짜서 기름으로 먹기도 한다.

9과 주장하는 글

1. 주장하는 글이란?

2. 주장과 까닭

3. 왜! 그렇게 생각해?

쓰고 난 물건은 제자리에 놓아두자

저녁때였습니다. 가영이는 내일 학교에 가져갈 준비물을 챙기고 있었습니다. 그런데 아무리 찾아봐도 색종이가 보이지 않았습니다.

"어, 이상하다. 분명히 여기에 두었는데."

가영이는 책상 서랍을 뒤적이다 오빠에게 물었습니다.

"오빠, 내 색종이 못 봤어?"

"응, 못 봤는데……. 서랍에 없니?"

"이상하다. 분명히 서랍 속에 넣어 두었는데……."

"그럼 잘 찾아봐. 책상 어딘가에 있겠지."

오빠도 가영이와 함께 책상에서 색종이를 찾아보았습니다.

"오빠가 숨겼지? 그치? 어서 내놔!"

"아니야, 난 안 숨겼어."

"아니야, 오빠가 숨겼어. 분명히 오빠 서랍 안에 있을 거야."

가영이는 씩씩거리며 오빠의 책상 서랍을 뒤지기 시작했습니다. 그때 오빠가 가영이의 책꽂이에서 색종이를 찾았습니다.

"색종이를 책꽂이에 꽂아 두니 찾을 수가 없잖아."

가영이는 오빠에게 미안한지 빙그레 웃었습니다.

"가영아, 이제부터는 쓰고 난 물건을 제자리에 잘 놓아두자."

오빠는 가영이에게 "쓰고 난 물건은 제자리에 잘 놓아두자." 하고 말했습니다. 이처럼 어떤 일에 대해 자기의 생각이나 의견을 내세우는 것을 '주장'이라고 합니다. 그리고 자기의 주장을 밝혀 쓴 글을 '주장하는 글'이라고 합니다.

그림이나 글을 보고, 상황에 알맞은 주장을 찾아 동그라미 하세요.

(1)

① 횡단보도에서 길을 건너자.　　　　　　　　　　　　　　　(　　　)

② 찻길에서 공놀이를 하지 말자.　　　　　　　　　　　　　　(　　　)

(2)

> 급식 시간이었습니다. 콩밥에 채소와 소시지가 반찬으로 나왔습니
> 다. 그런데 어떤 친구들은 밥에서 콩을 골라내고 채소 반찬을 먹지 않
> 았습니다.

① 음식을 골고루 먹자. （   ）

② 음식을 많이 먹자. （   ）

(3)

> 쉬는 시간이었습니다. 석진이는 교실 바닥에서 떨어진 연필을 주웠
> 습니다. 그런데 연필에 이름이 적혀 있지 않아 누구의 것인지 알 수
> 없었습니다. 석진이는 연필을 들고 친구들에게 물었습니다.
> "얘들아, 이 연필 주인 누구니?"
> 하지만 대답하는 사람이 아무도 없었습니다. 석진이는 연필 주인을
> 어떻게 찾아야 할지 고민이 되었습니다.

① 연필을 떨어뜨리지 말자. （   ）

② 학용품에 이름을 쓰자. （   ）

아래의 상황을 읽고, 빈칸에 알맞은 말을 넣어 주장을 완성하세요.

(4)

> 중기는 친구들과 축구를 하고 있었습니다. 중기가 공을 몰고 뛰어가
> 다가 상대 팀 은태와 부딪쳤습니다. 그러자 은태는 중기에게 욕을 하
> 였습니다. 중기는 무척 기분이 나빴습니다.

친구에게 ☐ 을 하지 말자.

(5)

> 우유 급식 시간이었습니다. 준수는 우유를 마시고 교실 바닥에 우유
> 갑을 버렸습니다. 그뿐이 아닙니다. 코를 푼 휴지와 다 쓴 색연필 등
> 온갖 쓰레기를 교실 바닥에 버렸습니다.

교실 바닥에 ☐☐☐ 를 버리지 말자.

"유경아, 이제 그만 자야지."

밤 10시가 다 되었는데도 유경이는 텔레비전을 보고 있습니다.

"이 드라마만 보고 잘게요."

"안 돼, 그러다가 내일 또 지각한다!"

"어머니, 오늘만요. 제발."

유경이는 밤늦게까지 텔레비전을 보고 잠자리에 들었습니다.

다음날, 유경이는 늦잠을 잤습니다. 그래서 밥도 먹는 둥 마는 둥 하고 학교로 달려갔지만, 결국 지각을 했습니다.

앞에서 어떤 일에 대한 생각이나 의견을 내세운 것을 '주장'이라고 했습니다. 그런데 '주장'을 할 때는 그에 알맞은 '까닭'이 있어야 합니다. 다음은 위 상황을 보고 정리한 사실, 그리고 주장과 까닭입니다.

사실	유정이는 밤늦게까지 텔레비전을 보았다.
주장	텔레비전을 밤늦게까지 보지 말자.
까닭	늦잠을 자서 지각을 할 수 있기 때문이다.

다음 글을 읽고, 빈칸을 채워 표를 완성하세요.

무더운 여름날입니다. 훈이는 너무 더워서 땀을 줄줄 흘렸습니다. 그때 어머니께서 어제 사다 놓으신 아이스크림이 떠올랐습니다.

"맞아! 아이스크림이 있었지! 히히, 더위를 식히는 데에는 아이스크림이 최고야!"

훈이는 냉장고에서 아이스크림을 꺼내 먹었습니다. 시원하고 맛있었습니다. 한 개를 금세 먹어 치운 훈이는 아이스크림을 한 개 더 먹었습니다. 그렇게 자꾸 먹다가 아이스크림을 4개나 먹고 말았습니다.

그런데 시간이 지나자, 훈이는 배가 아프기 시작했습니다. 너무 아파서 참을 수 없었습니다. 그날, 훈이는 밤새도록 배가 아파서 잠을 자지 못했습니다.

(1)

사실	훈이는 아이스크림을 4개나 먹었다.
주장	아이스크림을 너무 많이 먹지 말자.
까닭	

은영이는 어머니와 함께 만화 영화를 보러 가기로 했습니다. 아랫집에 사는 소윤이네도 함께 가기로 했습니다. 은영이와 소윤이는 오랜만에 극장에 가는 터라 무척 신이 났습니다.

지하철 안에서 은영이와 소윤이는 친구 재희를 만났습니다.

"어머, 재희야! 너 어디가?"

"응, 엄마랑 극장에 가."

"정말? 와, 잘됐다. 우리도 지금 극장에 가는 길이야."

은영이와 소윤이, 재희는 좋아서 팔짝팔짝 뛰었습니다. 세 사람은 학교에서 있었던 이야기, 가족과 놀러 갔던 이야기 등을 끊임없이 재잘거렸습니다. 주위 사람들이 쳐다보아도 아랑곳하지 않았습니다.

그러자 은영이 옆에서 책을 보던 아저씨께서 말씀하셨습니다.

"얘들아, 지하철 안에서는 조용히 하자. 다른 사람들에게 방해가 된단다."

아저씨의 말씀에 은영이, 소윤이, 재희는 얼굴이 붉어졌습니다.

(2)

사실	은영이와 친구들이 지하철 안에서 시끄럽게 떠들었다.
주장	
까닭	

"희수야, 엄마 왔다."

어머니께서 퇴근하고 돌아오셨습니다.

"어머니, 다녀오셨어요?"

희수는 인사를 하고 어머니 품에 안겼습니다. 어머니도 희수를 꼭 안아 주셨습니다.

"어머니, 그런데 이건 뭐예요?"

어머니가 들고 오신 봉투를 들여다보며 희수가 물었습니다.

"희수가 좋아하는 딸기지."

"와, 맛있겠다!"

희수는 씻지도 않은 딸기를 냉큼 집어 먹었습니다. 입안에 새콤달콤한 딸기 향이 가득 풍겼습니다. 또 하나 집으려는데 어머니께서 말씀하셨습니다.

"희수야, 과일은 씻어서 먹어야지. 씻지 않은 과일에는 먼지나 농약이 묻어 있을 수 있단다."

(3)

사실	희수가 씻지 않은 과일을 먹었다.
주장	
까닭	

정연이는 어머니와 함께 마트에 가려고 집을 나섰습니다. 그런데 현관문을 열자마자 이상한 냄새가 풍겼습니다.

"앗! 이게 무슨 냄새지?"

정연이는 눈살을 찌푸리며 코를 막았습니다.

"아휴, 그러게. 어디서 나는 냄새지?"

어머니께서 아파트 복도를 둘러보셨습니다.

"어머니, 저기요."

정연이가 손으로 가리킨 곳에는 음식물 쓰레기가 있었습니다. 누군가 아파트 복도에 음식물 쓰레기를 내다 버린 것입니다. 쓰레기봉투에서 물이 흘러나와 주변이 더러워지고 냄새가 심하게 났습니다. 음식물 쓰레기 주변에는 파리도 날아다녔습니다. 그 모습을 보니 정연이는 몹시 불쾌했습니다.

(4)

사실	누군가 아파트 복도에 음식물 쓰레기를 버렸다.
주장	
까닭	

3 왜 그렇게 생각해?

 다음 글을 읽고 질문에 답하세요.

지구가 아프대요

오늘 수업 시간에 〈지구가 아프대요〉라는 동화를 통해 환경에 대해 배웠어요. 선생님께서는 우리가 사는 지구의 환경이 많이 나빠졌다고 말씀하셨어요. 그러시면서 "왜 지구가 아프게 됐을까?" 하고 우리에게 물으셨어요.

먼저 회장인 재성이가 발표했어요.

"저는 사람들이 자동차를 많이 타고 다녀서 지구가 아프다고 생각해요. 왜냐하면, 자동차에서 나오는 매연으로 공기가 오염되기 때문이에요."

재성이의 말이 끝나자, 우리 반에서 제일 똑똑한 유선이가 손을 들었어요.

"집에서 비누와 샴푸 등 각종 세제를 많이 써서 지구가 아픈 거예요. 세제를 많이 쓰면 물이 오염돼요. 그리고 오염된 물이 다시 깨끗해지려면 시간이 오래 걸려요."

* 세제: 몸을 씻거나 물건의 기름때, 먼지 등을 씻어 내는 데 쓰는 물질.

이번에는 내가 자신 있게 손을 들고 발표했어요.

"사람들이 쓰레기를 아무 데나 함부로 버려서 지구가 아픈 거예요. 쓰레기를 함부로 버리면 땅이 오염돼요. 그러면 먼 훗날 동식물도 살 수 없을 거예요.."

선생님께서는 지구가 아프지 않아야 지구에 사는 우리도 건강하고 행복할 수 있다고 말씀하셨어요.

(1) 윗글에서 아이들이 발표한 내용을 아래의 표에 정리하세요.

	지구는 이래서 아프다	왜 그렇게 생각해?
재성	사람들이 자동차를 많이 타고 다닌다.	
유선		세제를 많이 쓰면 물이 오염되기 때문이다.
나		

10과 동화 독후감

1 동화 독후감이란?

동화 독후감은 동화책을 읽고 난 다음, 내 생각을 쓴 글입니다.

많은 어린이가 독후감에는 줄거리만 쓰는 것으로 잘못 알고 있습니다. 그러나 독후감은 줄거리만 써서 내가 읽은 책의 내용을 다른 사람에게 소개하는 글이 아닙니다. 책의 내용과 함께 책을 읽으면서 들었던 느낌이나 생각을 적는 글입니다.

독후감을 쓰는 데에 규칙이 있는 것은 아닙니다. 하지만 자기의 생각을 잘 나타내기 위해 다음과 같은 방법으로 쓸 수 있습니다.

책에 대한 간단한 소개 (처음)

↓

줄거리 + 느낌이나 생각 (가운데)

↓

전체적인 느낌이나 생각 (끝)

2 소금 장수와 당나귀

 다음 글을 읽고 물음에 답하세요.

소금 장수와 당나귀

– 이솝

무더운 여름날이었습니다. 소금 장수가 당나귀 등에 소금을 잔뜩 싣고 장터로 가고 있었습니다. 지친 몸을 이끌고 냇물을 건너려 할 때였습니다. 당나귀는 발이 미끄러져 냇물에 빠지고 말았습니다. 당나귀는 일어서려고 애썼지만, 등에 진 소금 자루 때문에 쉽게 일어설 수 없었습니다.

소금 장수가 당나귀를 겨우 일으켜 세운 뒤 말했습니다.

"이를 어쩐담! 소금이 많이 녹아 버렸잖아."

물에서 나온 당나귀는 등에 진 짐이 가벼워진 것을 느꼈습니다.

'옳지, 물에 빠지고 나면 짐이 가벼워지는구나!'

꾀가 생긴 당나귀는 그 뒤부터는 냇물을 건널 때마다 일부러 털썩 주저앉았습니다. 그때마다 당나귀는 무척 신이 났습니다.

하지만 소금 장수는 속이 상했습니다. 소금이 녹아 큰 손해를 보았기 때문입니다.

'당나귀 네놈이 꾀를 부리는구나! 어디 두고 보자!'

소금 장수는 곰곰이 생각했습니다. 그러고는 당나귀 등에 소금 대신 솜을 산더미처럼 실었습니다.

'어라? 이번 짐은 무척 가벼운데?'

하지만 당나귀는 어김없이 냇물을 건너다가 일부러 넘어졌습니다.

'아! 시원하다. 이젠 짐이 조금 전보다 더 가벼워지겠지?'

당나귀는 한참 동안 물에 앉아 있다가 슬그머니 일어났습니다.

'이제 슬슬 가 볼까?'

그런데 가벼울 줄 알았던 짐이 일어날 수조차 없을 만큼 무거웠습니다.

'아이고, 이게 웬일이지? 아이고 허리야.'

당나귀는 등에 진 짐이 무거워 휘청거리며 간신히 일어났습니다. 그러나 제대로 걷지 못하고 자꾸 비틀거렸습니다. 솜이 물에 흠뻑 젖어 너무나도 무거워졌기 때문입니다.

"이놈아, 잔꾀 부리지 말고 어서 가자."

소금 장수는 당나귀를 일으켜 주지도 않고 사정없이 채찍질하며 갈 길을 재촉했습니다.

'어휴! 이럴 줄 알았으면 꾀부리지 말고 열심히 일할걸. 너무 무거워서 걸을 수가 없잖아.'

당나귀는 끙끙대며 무거운 걸음을 옮겼습니다.

(1) 이 글을 읽고 내용을 정리했습니다. 순서에 맞게 번호를 쓰세요.

① 꾀가 난 당나귀는 냇물을 건널 때마다 일부러 털썩 주저 ( )
앉았다.

② 당나귀가 일부러 물에 빠지자, 솜이 물에 젖어 짐이 더 ( )
무거워졌다. 당나귀는 자신이 한 행동을 크게 후회했다.

③ 당나귀가 등에 소금을 잔뜩 싣고 장터로 가고 있었다. (1)

④ 화가 난 주인은 당나귀 등에 소금 대신 솜을 실었다. ( )

⑤ 당나귀가 냇물을 건너다 미끄러져 물에 빠지는 바람에 ( )
소금이 물에 녹아서 짐이 가벼워졌다.

(2) 이 글을 읽고 느낀 점을 썼습니다. 가장 알맞은 것을 고르세요.

① 당나귀는 나쁜 동물이다.

② 냇물을 건널 때는 조심해야 한다.

③ 물에 빠지면 시원하고 기분이 좋다.

④ 소금과 솜을 구분할 줄 알아야 한다.

⑤ 자신이 맡은 일은 꾀부리지 말고 성실히 해야 한다.

다음은 보름이가 〈소금 장수와 당나귀〉를 읽고 나서 쓴 독후감입니다. 잘 읽고 물음에 답하세요.

'소금 장수와 당나귀'를 읽고

서울 달빛 초등학교

2학년 2반 김보름

'소금 장수와 당나귀'를 읽었다. 이 책은 자신이 할 일을 제대로 하지 않고 꾀만 부리면 나중에는 괴로움을 당한다는 이야기를 담고 있다.

당나귀가 등에 소금을 잔뜩 싣고 장터로 가고 있었다. 그런데 당나귀가 냇물을 건너다 미끄러져 물에 빠지는 바람에 소금이 물에 녹아서 짐이 가벼워졌다. 꾀가 난 당나귀는 냇물을 건널 때마다 일부러 털썩 주저앉았다. 화가 난 주인은 당나귀 등에 소금대신 솜을 실었다. 이번에도 당나귀

오른쪽 여백 주석:
- 한 줄 비우기
- 제목
- 학교
- 학년, 반, 이름
- 한 줄 비우기
- ① 처음 (책에 대한 소개)
- ② 가운데 (줄거리)

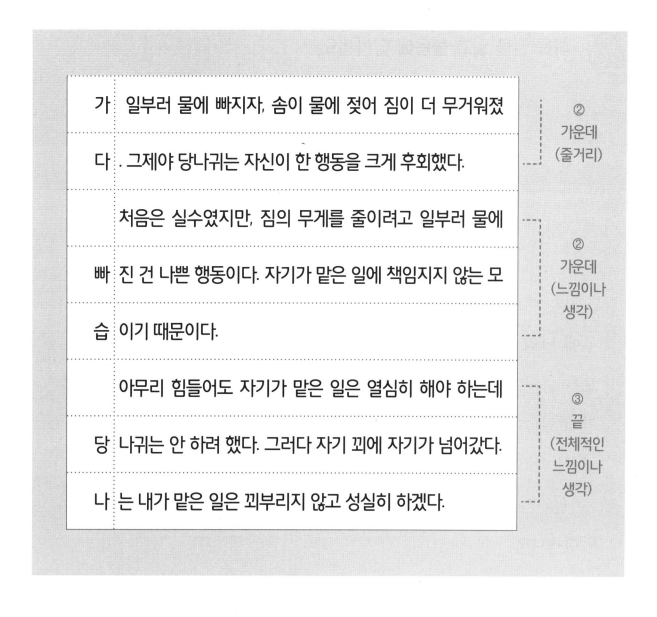

가	일부러 물에 빠지자, 솜이 물에 젖어 짐이 더 무거워졌	② 가운데 (줄거리)
다	. 그제야 당나귀는 자신이 한 행동을 크게 후회했다.	
	처음은 실수였지만, 짐의 무게를 줄이려고 일부러 물에	② 가운데 (느낌이나 생각)
빠	진 건 나쁜 행동이다. 자기가 맡은 일에 책임지지 않는 모	
습	이기 때문이다.	
	아무리 힘들어도 자기가 맡은 일은 열심히 해야 하는데	③ 끝 (전체적인 느낌이나 생각)
당	나귀는 안 하려 했다. 그러다 자기 꾀에 자기가 넘어갔다.	
나	는 내가 맡은 일은 꾀부리지 않고 성실히 하겠다.	

(3) '소금 장수와 당나귀'에 대해 간단히 소개 한 부분은 어디인가요?

① 처음 ② 가운데 ③ 끝

(4) 이야기의 줄거리와 느낌이나 생각을 쓴 부분은 어디인가요?

① 처음 ② 가운데 ③ 끝

(5) 이야기의 전체적인 느낌이나 생각을 쓴 부분은 어디인가요?

① 처음 ② 가운데 ③ 끝

다음 글을 읽고 물음에 답하세요.

까치의 고운 말씨

– 전래 동화

옛날, 어느 숲속에 여러 달 동안 계속해서 비바람이 몰아쳤습니다. 나무에 달려 있던 열매도 다 떨어지고, 비바람을 못 이긴 작은 벌레들도 모두 숨어 버렸습니다. 열매와 벌레를 먹는 새들은 더는 먹이를 구할 수가 없었습니다.

"아! 배고프다. 어디서 먹이를 구할 수 없을까?"

비둘기가 먹지 못해 홀쭉해진 배를 만지며 말했습니다. 그러자 꿩이 말했습니다.

"먹을 게 있는 데가 있긴 해. 사람들 몰래 음식을 훔치는 쥐에게는 있을 거야. 내가 가서 좀 얻어 올게."

쥐의 집 앞까지 날아온 꿩은, 목에 잔뜩 힘을 주며 외쳤습니다.

"이리 오너라. 꿩님께서 배가 몹시 고프니 먹을 것 좀 내오너라."

부엌에서 불을 때던 쥐는 그 소리를 듣고 괘씸한 생각이 들었습니다. 음식을 얻으러 온 주제에 말투가 너무나 건방졌기 때문입니다. 그래서 벌겋게 달아오른 부지깽이를 들고나와 꿩의 뺨을 세게 후려쳤습니다. 뺨이 벌겋게 부어오른 꿩은 친구들 보기가 부끄러워 다른 숲으로 날아

* 부지깽이: 불을 피울 때, 땔감을 밀어 넣거나 불을 쑤시는 막대기.

가 버렸습니다.

아무리 기다려도 꿩이 돌아오지 않자, 이번에는 비둘기가 나섰습니다.

"쥐 서방, 수챗구멍으로 들락날락해서 훔쳐 온 음식을 혼자만 먹지 말고 좀 나누어 먹세. 이 비둘기님이 배가 몹시 고프다네."

가슴을 쭉 펴고 비둘기는 큰 소리로 쥐를 불렀습니다.

방에서 밥을 먹던 쥐가 가만히 들어 보니 비둘기란 놈도 꿩과 마찬가지로 괘씸했습니다. 그래서 아까와 같이 부지깽이로 비둘기 머리를 사정없이 내리쳤습니다.

얼마나 호되게 맞았는지 비둘기는 정신을 제대로 차릴 수가 없었습니다. 결국, 비둘기는 음식도 못 얻고 머리에 시퍼런 멍이 든 채 달아났습니다.

까치는 친구들이 안 돌아오자, 직접 쥐를 찾아갔습니다.

"부지런한 쥐님, 계십니까? 참으로 죄송하지만, 음식이 있으면 좀 나눠 주세요."

까치는 문 앞에 서서 공손하게 말했습니다. 그러자 쥐는 까치를 반갑게 맞아 주었습니다.

"어서 오세요, 까치님. 당신은 말씨가 참 고우시네요. 잠깐만 기다리세요. 음식을 갖고 올게요."

음식을 얻은 까치는 쥐에게 고맙다는 인사를 하고 힘차게 날아갔습니다.

* 수챗구멍: 집 안에서 쓰고 버린 물이 빠져나가는 구멍.
* 호되게: 매우 심하게.

(6) 이 글의 내용을 정리했습니다. 순서에 맞게 번호를 쓰세요.

① 까치는 쥐에게 공손히 말해 음식을 얻을 수 있었다. (   )

② 어느 숲속에 여러 달 동안, 비바람이 몰아쳐 새들은 먹이 (   ) 를 구할 수 없었다.

③ 꿩과 비둘기는 쥐에게 건방지게 말해서 음식을 얻지 못 (   ) 했다.

④ 새들은 쥐에게 가서 음식을 얻어 오기로 했다. (   )

(7) 이 글을 읽고 느낀 점을 썼습니다. 가장 알맞은 것을 고르세요.

① 인사를 잘해야겠다.

② 먹을 것을 잘 챙겨 두어야겠다.

③ 음식을 친구들과 나누어 먹어야겠다.

④ 친구들을 때리는 행동은 매우 나쁘다.

⑤ 친구들에게 고운 말을 써야겠다.

다음은 '까치의 고운 말씨'를 읽고 승주가 쓴 독후감 처음 부분입니다.

'까치의 고운 말씨'를 읽었다. 이 책을 읽으면 우리가 왜 고운 말씨를
써 야 하는지 알게 된다.

(8) 앞에서 읽은 '까치의 고운 말씨'로 독후감을 완성하세요. 처음과 끝 부분은 적어 놓았습니다. 줄거리와 '느낌이나 생각'을 써서 가운데 부분을 채우세요.

'까치의 고운 말씨'를 읽고

(   ) (   ) 초등학교

2학년 (   )반 (   )

'까치의 고운 말씨'를 읽었다. 이 책을 읽으면 우리가 왜 고운 말씨를 써야 하는지 알게 된다.

우리 반에도 욕을 하거나 사납게 말하는 아이가 있다. 그런 아이와는 친하게 지내고 싶지 않다. 반대로 고운 말을 쓰는 친구에게는 관심이 가고 사귀고 싶은 마음이 든다. 그러니 나도 고운 말을 쓰는 사람이 되어야겠다.

(1) 처음 부분 — 책을 소개합니다.

> '까치의 고운 말씨'를 읽었다. 이 책을 읽으면 우리가 왜 고운 말씨를 써야 하는지 알게 된다.

> '게으름뱅이 농부'를 읽었다. 게으름뱅이 농부를 보며 자기가 할 일은 스스로 해야 한다는 것을 깨닫게 되었다.

(2) 끝 부분 — 책을 다 읽고 나서 든 느낌이나 생각을 씁니다.

> 우리 반에도 욕을 하거나 사납게 말하는 아이가 있다. 그런 아이와는 친하게 지내고 싶지 않다. 반대로 고운 말을 쓰는 친구에게는 관심이 가고 사귀고 싶은 마음이 든다. 그러니 나도 고운 말을 쓰는 사람이 되어야겠다.

> 나도 게으름뱅이 농부처럼 해야 할 일을 하지 않는 경우가 있다. 준비물 챙기기, 장난감 정리 등 스스로 할 일을 어머니께 미룬 적이 많다. 이제부터 내가 할 일은 스스로 해야겠다.

다음 글을 읽고 물음에 답하세요.

게으름뱅이 농부

－ 이솝

어느 마을에, 게으름뱅이 농부가 살고 있었습니다.

며칠 후, 이 농부는 마차에 짐을 가득 싣고 이웃 마을로 가게 되었습니다. 그 마을은 멀리 떨어져 있었기 때문에 농부는 아침 일찍 길을 떠났습니다.

고개를 넘고 들판을 지나 다리를 건너서 이웃 마을에 거의 다다랐습니다.

"어휴, 이제 거의 다 왔구나! 조금만 더 가면 되겠다."

이마의 땀을 닦은 농부는 빨리 가고 싶은 마음에 말 엉덩이를 채찍으로 때렸습니다. 그 순간, 마차가 미끄러지면서 길옆 도랑으로 굴러떨어졌습니다.

"아이고, 큰일 났다!"

농부는 발을 동동 구르며 신령님께 빌었습니다.

"신령님! 제발 도와주세요. 마차가 도랑에 빠져 더는 끌고 갈 수가 없어요. 그러니 말에게 힘을 주셔서 다시 마차를 끌고 가게 해 주세요."

그러나 도랑에 빠진 말은 꿈쩍도 하지 않았습니다.

* 마차: 말이 끄는 수레.
* 도랑: 작고 폭이 좁은 개천.

초조해진 농부는 더 간절히 신령님께 빌었습니다.

"신령님! 제발 제 소원을 들어주세요, 네?"

농부는 도랑에 빠진 마차를 다시 끌어 볼 생각은 하지 않고 신령님만 계속 찾았습니다.

그러자 정말 신령님이 농부 앞에 나타났습니다.

"이 게으름뱅이 농부야! 마차가 도랑에 빠졌으면 끌어낼 생각을 해야지, 어찌 나만 찾고 있느냐? 그러면 일이 해결될 줄 알았느냐?"

"신령님, 제발 이 불쌍한 놈을 도와주세요. 예?"

"참 어리석은 농부구나. 어서 말고삐를 끌어당겨 보아라! 그럼 말이 끌려 나올 게 아니냐? 너도 네가 할 수 있는 노력을 하란 말이다."

신령님은 농부의 소원을 들어주기는커녕 오히려 크게 꾸짖었습니다.

"신령님, 신령님……. 흐흐흑."

농부는 신령님을 목 놓아 불렀지만, 신령님은 어디론가 사라지고 보이지 않았습니다.

도랑에 빠진 말은 무거운 마차 때문에 목이 조이는지 하늘만 쳐다보며 슬프게 울었습니다.

* 고삐: 소의 코나 말의 입에 매어 손으로 잡고 끄는 줄.

---

(1) 이 글을 읽고 내용을 정리했습니다. 순서에 맞게 번호를 쓰세요.

① 농부가 산신령을 목 놓아 불렀지만, 산신령은 사라져 버   (   )
    렸다.

② 농부가 마차에 짐을 가득 싣고 이웃 마을로 떠났다.   (   )

③ 빨리 가고 싶은 마음에 농부는 말을 채찍으로 때렸다.   (   )
    그러자 마차가 도랑으로 굴러떨어졌다.

④ 산신령은 도랑에 빠진 마차를 끌어낼 생각은 않고, 자신   (   )
    만 찾는 농부를 크게 꾸짖었다.

⑤ 농부는 말이 다시 마차를 끌고 갈 수 있게 해 달라고 산   (   )
    신령에게 빌었다.

(2) 이 글을 읽고 느낀 점을 썼습니다. 가장 알맞은 것을 고르세요.

① 기도를 열심히 해야겠다.

② 동물을 때리면 안 된다.

③ 불쌍한 사람을 도와야겠다.

④ 농부의 소원을 들어주지 않은 산신령은 나쁘다.

⑤ 남에게 의지하지 말고 자신이 할 수 있는 일은 스스로 해야 한다.

(3) 앞에서 읽은 '게으름뱅이 농부'로 독후감을 쓰세요. 처음과 끝 부분은 129쪽에 있는 것을 옮겨 적어도 좋고, 여러분이 생각한 방법으로 써도 좋습니다.

'게으름뱅이 농부'를 읽고

(   ) (   ) 초등학교

2학년 (   )반 (   )

4 동화 독후감을 써요

(1) 여러분이 읽은 동화 가운데 한 편을 골라, 독후감을 쓰세요.

(   ) (   ) 초등학교

2학년 (   )반 (   )

11과 인물 이야기 독후감

1 인물 이야기 독후감이란?

인물 이야기는 주로 역사적으로 훌륭한 일을 한 사람의 일생을 소개한 글입니다. 인물 이야기를 읽고 나서 독후감을 쓰려면, 다음과 같이 내용을 정리해 봅니다.

처음	인물 소개(어느 시대에 살았으며, 어떤 업적을 남겼는지 등을 씁니다.)
가운데	기억에 남은 부분 + 느낌이나 생각
끝	전체적인 느낌이나 생각

다음은 <세종 대왕>을 읽고 샛별이가 쓴 인물 이야기 독후감입니다.

	한 줄 비우기
'세종 대왕'을 읽고	제목
서울 별빛 초등학교	학교
2학년 3반 은샛별	학년, 반, 이름
	한 줄 비우기

세종 대왕은 조선 시대의 왕으로, 우리 글인 '한글'을 만 들었다.

세종 대왕은 어려운 한자 대신 백성들이 쉽게 배울 수 있는 우리글이 필요하다고 생각했다. 그래서 누구나 쉽게 쓸 수 있는 한글을 만들어 백성들이 배울 수 있 도록 했다.

만약 세종 대왕이 한글을 만들지 않았다면 우리는 지 금 어떻게 되었을까? 아마 아직도 그 어려운 한자를 배 우느라 힘들었을 것이다. 나는 쉬운 우리글을 만든 세 종 대왕에게 무척 감사한 마음이 들었다.

'세종 대왕'을 읽으며 한글의 소중함을 생각하게 되 었 다. 앞으로 우리글을 더 아끼고 사랑해야겠다.

① 처음
(인물 소개)

② 가운데
(기억에
남은 부분)

② 가운데
(느낌이나
생각)

③ 끝
(전체적인
느낌이나
생각)

2 세종 대왕

 다음 글을 읽고, 빈칸을 채워 세종 대왕의 업적을 정리하세요.

> 세종 대왕은 조선 시대의 왕입니다. 세종은 문화, 과학, 정치 등에서 훌륭한 업적을 남겨 '대왕'이라는 칭호를 받았습니다.
>
> 세종 대왕은 집현전 학자들과 함께 한글을 만들었습니다. 음악에도 관심이 많아, 신하 박연에게 우리나라에 맞는 악기와 음악을 만들게 하였습니다. 과학 기술을 발전시키기 위해 장영실 같은 인재를 궁궐에 불러들였습니다. 그래서 측우기, 해시계, 물시계, 혼천의 같은 발명품을 만들게 했습니다. 또, 나라의 기초를 튼튼히 쌓았을 뿐 아니라, 압록강과 두만강까지 영토를 넓히기도 하였습니다.
>
> * 집현전: 조선 시대에 학자들을 모아 학문을 연구한 기관.

(1)

> 세종 대왕은 ☐☐ 시대 왕이다. 문화, 과학, 정치 등에서 훌륭한 업적을 남겼다. 집현전 학자들과 함께 ☐☐ 을 만들었다. 그리고 측우기, 해시계 등을 만들도록 하여 과학 기술을 발전시켰으며, 압록강과 두만강까지 ☐☐ 를 넓혔다.

다음 글을 읽고, 빈칸에 알맞은 낱말을 넣어 내용을 요약하세요.

"왕자님, 책을 그만 읽고 좀 쉬세요. 그 책은 벌써 몇십 번이나 읽지 않으셨습니까?"

"아닙니다. 아직 백 번을 읽으려면 세 번을 더 읽어야 합니다. 그래야만 이 책의 내용을 다 알 수 있습니다."

이처럼 세종 대왕은 어렸을 때부터 책 읽기를 좋아했습니다.

한번은 세종 대왕이 몸이 아파 누워 있을 때였습니다.

"충녕(세종 대왕이 왕이 되기 전에 불리던 이름)은 몸이 아픈데도 계속 책을 읽는다 하니, 당장 충녕의 방에 있는 책을 모두 거두어 오시오."

임금의 명령을 받은 신하들은 책을 모두 거둬 왔습니다. 하지만 세종은 방을 샅샅이 뒤져 병풍 뒤에서 책을 한 권 발견했습니다.

"됐다, 됐어! 병이 나을 때까지 이 책을 읽고 또 읽어야지."

(2)

세종 대왕은 어려서부터 ☐ 을 좋아해서 무슨 책이든 완전히 이해할 때까지 여러 번 읽었다. 심지어 ☐ 이 아플 때도 손에서 ☐ 을 놓지 않았다.

세종 대왕은 과학 기술 발전에도 큰 업적을 남겼습니다. 비가 많이 오거나, 너무 적게 오면 백성들이 농사를 짓기 어려웠습니다. 그러면 백성들의 생활은 더욱 힘들었습니다. 이를 본 세종 대왕은 장영실이라는 사람에게 기계를 연구하도록 하였습니다.

노비 신분이었던 장영실은 벼슬을 하리라고는 꿈도 꾸지 못했습니다. 그러나 세종 대왕은 그의 기계 다루는 솜씨를 보고 벼슬을 내려, 과학을 연구하도록 하였습니다. 그렇게 해서, 비가 온 양을 재는 기구인 측우기를 발명했습니다. 측우기뿐 아니라, 천체를 관측하는 기구인 간의, 혼천의도 우리나라 실정에 맞도록 새롭게 만들었습니다. 이렇게 탄생한 과학 기구들은 백성들이 농사를 짓는 데 큰 도움이 되었습니다.

(3)

세종 대왕은 ⬜⬜⬜ 이라는 노비에게 벼슬을 내려,

⬜⬜⬜ , 간의, 혼천의 등의 과학 기구들을 발명하게

했다. 그렇게 탄생한 과학 기구들은 백성들이 ⬜⬜ 를 짓는

데 큰 도움이 되었다.

'백성들 누구나 다 글을 쉽게 읽도록 할 수는 없을까?'

그때까지만 해도 우리나라는 중국 글자인 한자를 쓰고 있었습니다. 그런데 한자는 너무 어렵고 복잡해서 양반들만 사용했습니다. 백성들은 배우기가 무척 힘들었기 때문입니다. 그래서 세종 대왕은 배우기 쉽고 편한 우리 글자를 만들기로 했습니다. 하지만 최만리와 같은 몇몇 신하들은 크게 반대했습니다.

"전하, 한자는 오랜 역사를 지닌 것으로 수많은 사람이 익혀 온 우수한 글자이옵니다. 이런 위대한 글자를 버리고 새 글자를 쓴다는 것은 참으로 부끄러운 일이옵니다."

하지만 세종 대왕은 집현전 학자들과 열심히 연구했습니다. 자기의 생각을 글로 나타낼 줄 모르는 백성들의 답답함을 풀어 주기 위해서였습니다. 몇몇 신하들의 심한 반대에도 불구하고 마침내 세종 대왕은 한글을 만들어 냈습니다.

(4)

세종 대왕은 최만리를 비롯한 일부 신하들의 반대에도 불구하고

☐☐ 을 만들었다. 백성들에게 어렵고 복삽한 한자 대신 쉬

운 ☐☐ 을 배우게 하여 그들의 답답함을 풀어 주고자 했다.

(5) 아래 내용과 어울리지 않는 '느낌이나 생각'을 고르세요.

세종 대왕은 어려서부터 책을 좋아해서 무슨 책이든 완전히 이해할 때까지 여러 번 읽었다. 심지어 몸이 아플 때도 손에서 책을 놓지 않았다.

① 나는 한 번 본 책은 다시 읽지 않고, 이해가 안 돼도 그냥 넘긴다. 그런데 세종 대왕은 이해가 될 때까지 계속 읽었다. 나도 세종 대왕을 본받아 이해가 안 되는 부분은 여러 번 읽어야겠다.

② 나는 책 읽기를 싫어한다. 어머니께서 책을 읽으라고 말씀하시면 몇 쪽 읽다가 덮어 버린다. 그런데 세종 대왕은 몸이 아파도 책을 읽었다. 세종 대왕을 보니 그런 내 행동이 부끄러웠다.

③ 나는 동물을 소개한 책을 좋아한다. 어른이 되면 사육사가 되고 싶다. 사육사가 되면 날마다 동물들을 볼 수 있고, 보살펴 줄 수 있기 때문이다.

(6) 아래 내용과 어울리지 <u>않는</u> '느낌이나 생각'을 고르세요.

세종 대왕은 장영실이라는 노비에게 벼슬을 내려, 측우기, 간의, 혼천의 등의 과학 기구들을 발명하게 했다. 그렇게 탄생한 과학 기구들은 백성들이 농사를 짓는 데 큰 도움이 되었다.

① 신분을 엄격히 구분하던 조선 시대에, 노비에게 벼슬을 내린 세종 대왕이 존경스럽다. 그 덕분에 장영실은 과학 기구를 발명할 수 있었고, 백성들은 농사에 도움을 얻었다.

② 세종 대왕은 정말 대단하다. 어떻게 그 많은 과학 기구를 혼자서 발명할 수 있었을까? 나도 어른이 되면 과학자가 되고 싶다. 만능 로봇을 발명하여 사람들에게 도움을 주고 싶다.

③ 신분 때문에 장영실처럼 좋은 과학자를 뽑지 않았다면, 측우기 같은 과학 기구는 발명되지 못했을 것이다. 백성들을 위해 신분 제도와 상관없이 사람을 뽑은 세종 대왕은 정말 훌륭하다.

⑺ 아래 내용을 읽고, '느낌이나 생각'을 쓰세요.

세종 대왕은 최만리를 비롯한 일부 신하들의 반대에도 불구하고 한글을 만들었다. 백성들에게 어렵고 복잡한 한자 대신 쉬운 한글을 배우게 하여 그들의 답답함을 풀어 주고자 했다.

⑻ '세종 대왕'을 읽고, 독후감을 쓰려고 합니다. 처음과 끝 부분은 적어 놓았습니다. 가운데 부분에는 141~143쪽의 ⑵~⑷에서 요약한 것 가운데 하나를 골라 쓰고, 느낌이나 생각을 덧붙이세요.

'세종 대왕'을 읽고

(   ) (   ) 초등학교

2학년 (   )반 (   )

을
시
강

세종 대왕은 조선 시대 왕이다. 문화, 과학, 정치 등에서 훌륭한 업적을 남겼다. 집현전 학자들과 함께 한글을 만들었다. 그리고 측우기, 해시계 등을 만들도록 하여 과학 기술을 발전시켰으며, 압록강과 두만강까지 영토를 넓혔다.

세종 대왕은 백성들을 위해 많은 일을 하신 훌륭한 임금이었다. 나도

그 런 점을 본받아 나보다 어려운 사람을 위해 일하고 싶다. 그리고 한글

을 만드신 세종 대왕의 정신을 이어받아서, 우리말과 글을 사랑하고 고운

말 과 글을 써야겠다.

3 신사임당

 빈칸을 채워 신사임당에 대하여 간단하게 정리하세요.

신사임당은 조선 시대에 살았던 뛰어난 화가입니다. 뒤뜰에 검은 대나무가 자란다고 해서 '오죽헌'이라 이름 붙인 집에서 태어났습니다. 이 집은 뒷날 조선의 대학자 율곡 이이가 태어난 곳이기도 합니다.

신사임당은 4세 때부터 아버지에게 글을 배웠고, 7세 때부터 그림 공부를 했습니다. 그림을 잘 그릴 뿐 아니라, 서예도 잘하고, 시도 잘 지었습니다.

19세에 결혼하여 이이를 비롯해 7남매를 낳아 훌륭하게 키웠습니다. 신사임당은 자녀에게는 슬기로운 어머니, 남편에게는 어진 아내였습니다. 그러면서도 자신의 공부를 게을리하지 않아 조선 시대의 뛰어난 예술가로 이름을 널리 알렸습니다.

(1)

신사임당은 조선 시대의 뛰어난 ☐☐ 였다. 그림을 잘 그릴 뿐 아니라, 서예도 잘하고, 시도 잘 지었다. 또 남편에게는 어진 아내였고, 자녀에게는 슬기로운 ☐☐☐ 였다.

다음 글을 잘 읽고, 빈칸을 채워 내용을 요약하세요.

신사임당의 원래 이름은 '인선'입니다. 꿈 많은 소녀 인선은 넓은 세상을 볼 기회가 많지 않았습니다. 당시에 조선은 양반과 평민, 노비 등으로 신분이 나뉘어 있었습니다. 그런데 양반집 여자들은 함부로 바깥나들이를 할 수 없었습니다. 인선은 이런 상황이 답답했지만, 그래도 공부를 포기하지 않았습니다.

"여자가 글공부를 많이 해서 뭐 해? 벼슬을 할 것도 아닌데."

주변 사람들은 이렇게 말하였지만, 인선은 벼슬을 하지 않더라도 공부를 하여 학문을 쌓는 일은 중요하다고 생각했습니다.

"아, 글을 읽을 때만은 내 마음속이 시원해지는 것 같구나!"

인선은 글을 읽을 때만은 날개를 달고 넓은 세상을 훨훨 나는 것처럼 자유로웠습니다. 밥과 반찬이 몸을 살찌운다면 글공부는 인선에게 마음을 살찌우는 곡식이나 다름없었습니다.

(2)

조선 시대에 양반집 　　　　　　　들은 함부로 바깥나들이를 할 수 없었다. 인선은 　　　　　　를 하면서 답답한 마음을 달랬다. 벼슬을 하지 않아도 　　　　　을 쌓는 일은 중요하다고 생각했기 때문이다.

7남매의 어머니가 된 신사임당은 집안일과 아이들 뒷바라지에 눈코 뜰 새 없이 바빴습니다. 그러나 집안일을 아무리 많이 한 날이라도 시를 쓰거나, 그림을 그리거나, 책을 읽는 등 자신의 공부를 게을리하지 않았습니다. 신사임당은 자기의 일에 몰두하는 그 시간이 가장 보람되고 행복했습니다. 남이 하지 않는 일까지 하자니 남보다 몇 배로 바빴습니다.

신사임당은 날마다 아침에 하루의 계획을 세우고 그것을 실천하였습니다. 집안일 하는 시간, 자녀를 가르치는 시간, 자신의 학문에 열중하는 시간 등 계획을 세워 놓고 해 나가다 보니, 남들처럼 모여 앉아 떠들고 놀 시간이 없었습니다. 쉼 없이 일하고 공부하며 끊임없이 노력했습니다. 이런 노력은 신사임당의 그림과 시, 그리고 서예 작품에 고스란히 드러났습니다.

신사임당은 시간을 낭비하지 않고 열심히 살았습니다.

(3)

어머니가 된 신사임당은 집안일과 □□□ 뒷바라지에 무척 바빴다. 하지만 자신의 □□를 게을리하지 않았다. 날마다 하루의 □□을 세우고 실천하려고 노력했다.

학문이 뛰어나고 예술의 경지가 높은 신사임당에 비해, 남편은 모든 면에서 뒤졌습니다. 어느 날, 신사임당은 남편이 학문에만 정진할 수 있도록 10년 동안 떨어져 있기로 약속했습니다. 그러나 의지가 약했던 남편은 집을 떠난 지 얼마 되지 않아 금세 돌아왔습니다. 신사임당은 남편의 나약한 성격을 바로잡아 주고 싶었습니다. 생각 끝에 신사임당은 가위를 들고 남편 앞에 앉아 단호한 태도로 말했습니다.

"저 때문에 공부하러 떠나지 못하는 것이니 차라리 제가 머리를 깎고 절에 들어가 중이 되겠습니다."

신사임당이 가위를 집어 들어 머리를 자르려고 하자, 놀란 남편은 벌떡 일어나 가위를 빼앗았습니다.

"여보! 진정하오. 내가 잘못했소. 내일 다시 떠나겠소."

남편은 마음을 굳게 먹고 한양으로 올라가 열심히 공부했습니다.

(4)

신사임당은 남편이 □□ 에 정진할 수 있도록 □ 년 동안 떨어져 지내기로 했다. 하지만 의지가 약한 남편은 금세 돌아왔다.

신사임당이 머리를 깎고 □ 에 들어가겠다고 하자, 남편은 마음을 굳게 먹고 한양으로 올라가 열심히 공부했다.

한번은 잔칫집에 초대받은 신사임당이 부인들과 이야기를 나누고 있었습니다. 그때 주방 일을 돕던 한 부인이 입고 온 비단 치마에 음식을 엎질러 얼룩이 생겼습니다.

"이를 어쩌나, 빌려 입고 온 옷을 버렸으니……."

형편이 어려웠던 부인은 잔치에 입고 올 옷이 없어 다른 사람에게 옷을 빌려 입고 왔던 것이었습니다.

신사임당은 걱정하던 부인에게 잠시 치마를 벗어 달라고 부탁했습니다. 그러고는 부인이 건넨 치마에 붓을 들고 그림을 그렸습니다. 얼룩 위에는 금세 탐스러운 포도 넝쿨이 생겨났습니다. 신사임당이 부인에게 말했습니다.

"이 치마를 시장에 내다 파세요. 그러면, 새 비단을 살 돈을 마련할 수 있을 것입니다."

치마가 비싼 값에 팔려 부인은 새 비단을 살 수 있었습니다.

(5)

잔칫집에서 한 부인이, 빌려 입고 온 비단 치마에 음식을 엎질러

| | | 이 생겼다. 신사임당은 걱정하던 부인을 돕기 위해 치마에

| | | 넝쿨 그림을 그려 주었다. 그 치마가 | | |

값에 팔려 부인은 새 비단을 살 수 있었다.

신사임당은 일곱 남매에게 사람이 지켜야 할 도리에 대해 가르쳤습니다. 특히 부모님에 대한 '효'와 형제간의 '우애'를 강조했습니다.

"사람은 공부만 잘한다고 해서 훌륭한 사람이 되는 것이 아니라, 사람다운 행실을 해야 한단다. 부모에게 효도하고, 형제끼리 우애 있게 지내며, 친구 사이에도 믿음을 주고 의리를 지켜야 하느니라."

신사임당은 형제간에 우애가 없는 것은 부모를 공경하지 않기 때문이며, 부모를 진심으로 사랑하고 마음 깊이 받든다면, 형제들도 사랑하게 된다고 가르쳤습니다.

신사임당은 이렇게 직접 자녀들을 교육했고, 항상 자신의 행동으로 본을 보여 주었습니다. 또, 자녀들에게 학문과 서예, 그림, 자수 등을 직접 가르쳤습니다. 일곱 자녀는 이러한 어머니의 행동과 인품을 본받아 모두 훌륭하게 자랐습니다.

(6)

신사임당은 아이들에게 '효'와 '☐☐'를 강조했다. 공부만 잘한다고 훌륭한 사람이 되는 것이 아니라, 사람다운 행실을 해야 한다고 했다. ☐☐를 공경하면 형제들도 ☐☐하게 된다고 가르쳤다.

다음 요약 내용을 읽고, 여러분의 느낌이나 생각을 쓰세요.

조선 시대에 양반집 여자들은 함부로 바깥나들이를 할 수 없었다. 인선은 공부를 하면서 답답한 마음을 달랬다. 벼슬을 하지 않아도 학문을 쌓는 일은 중요하다고 생각했기 때문이다.

(7)

어머니가 된 신사임당은 집안일과 아이들 뒷바라지에 무척 바빴다. 하지만 자신의 공부를 게을리하지 않았다. 날마다 하루의 계획을 세우고 실천하려고 노력했다.

(8)

잔칫집에서 한 부인이, 빌려 입고 온 비단 치마에 음식을 엎질러 얼룩이 생겼다. 신사임당은 걱정하던 부인을 돕기 위해 치마에 포도 넝쿨 그림을 그려 주었다. 그 치마가 비싼 값에 팔려 부인은 새 비단을 살 수 있었다.

(9)

⑩ 처음 부분과 끝 부분은 적어 놓았습니다. 가운데 부분은 150~154쪽의 (2)~(6)번 가운데 한 개를 골라 쓰고 느낌이나 생각을 덧붙이세요.

'신사임당'을 읽고

(   ) (   ) 초등학교

2학년 (   )반 (   )

서는   신사임당은 조선 시대의 뛰어난 화가였다. 그림을 잘 그릴 뿐 아니라, 예도 잘하고, 시도 잘 지었다. 또 남편에게는 어진 아내였고, 자녀에게는 슬기로운 어머니였다.

신사임당은 지혜롭고 부지런했다. 아무리 바빠도 자신이 해야 할 일을 미루거나 대충하지 않았다. 나도 내가 할 일을 미루지 않고 성실히 하는 사람이 되어야겠다.

4 내가 쓰는 인물 이야기 독후감

(1) 여러분이 읽은 인물 이야기 가운데 한 편을 골라 독후감을 쓰세요.

(   ) (   ) 초등학교

2학년 (   )반 (   )

2 단계

2차 개정판

나의 생각
글쓰기

기초 문장력 향상의 길잡이

시서례
도서출판

정답과 해설

- 본 책에는 답이 확실한 문제도 있지만, 그렇지 않은 것도 있습니다. 답을 자유롭게 쓸 수 있는 문제에는 예시 답안을 적어 놓았습니다.
- 본 정답지에 정답이나 예시 답안이 없는 문제는, 그 문제의 앞에 실린 글쓰기 설명을 참고하세요.
- 설명이 필요한 문제에는 답과 함께 도움말을 실었습니다.

1과 한 문장 쓰기 7쪽

1.

(1) 나는 노래를 잘합니다.

(2) 나는 운동을 싫어합니다.

(3) ① 준영이는 놀이터에 있습니다.

　② 준영이는 태권도장에 있습니다.

(4) ① 형진이가 숙제를 합니다.

　② 형진이가 달리기를 합니다.

(5) ① 나은이가 책을 봅니다.

　② 나은이가 텔레비전을 봅니다.

(6) ① 나는 캄캄한 밤이 무섭습니다.

　② 나는 큰 개가 무섭습니다.

(7) ① 선생님께 칭찬을 받아서 기분이 좋습니다.

　② 어머니께 용돈을 받아서 기분이 좋습니다.

(8) ① 할아버지께서 편찮으셔서 슬픕니다.

　② 용준이와 다른 반이 되어서 슬픕니다.

(9) ① 형이 내 장난감을 망가뜨려서 화가 났습니다.

　② 형이 나를 놀려서 화가 났습니다.

(10) ① 달리기 시합을 하다가 넘어져서 부끄러웠습니다.

② 친구들 앞에서 노래를 부르려니 부끄러웠습니다.

(11) ① 지환이가 방귀를 뀌어서 웃음이 났습니다.

② 형이 춤추는 모습을 보고 웃음이 났습니다.

8~18쪽까지는 예상 답안입니다. 자유롭게 상상하여 알맞게 문장을 만듭니다.

2.

(1) 하얀 눈이 펑펑 내립니다.

(2) 차가운 바람이 쌩쌩 불어옵니다.

(3) 푸른 하늘에 구름이 둥실둥실 떠 있습니다.

(4) 귀여운 고양이가 꼬리를 살랑살랑 흔듭니다.

(5) 준호는 집에 오자마자 방에서 숙제를 했습니다.

(6) 소연이는 지난주에 시장에서 곰 인형을 샀습니다.

(7) 찬수와 명진이는 오후에 놀이터에서 즐겁게 놀았습니다.

(8) 지효는 놀이터에서 노란 지갑을 잃어버렸습니다.

(9) 영호는 편의점에서 작은 우산을 샀습니다.

(10) 호찬이는 진규와 오후 1시에 학교 앞에서 만나기로 했습니다.

⑾ 재민이는 학원에 가기 전에 집에서 떡볶이를 먹었습니다.

⑿ 연화는 어제 학교에서 빨간 색종이로 꽃을 접었습니다.

⒀ 창민이는 생일에 파란 자전거를 선물 받았습니다.

⒁ 석호는 알뜰 장터에서 검은 모자를 샀습니다.

⒂ 윤호는 수업 시간에 운동장에서 줄넘기를 했습니다.

(5)~⑾번의, 때(언제)를 나타내는 말에는 '오늘, 어제, 내일, 지난주, 다음 주, 오후, 저녁때' 등이 있습니다. 이 외에도 '밥 먹을 때, 일어나자마자, 학교에서 돌아온 후에, 숙제하고 나서' 등과 같이 당시의 상황을 표현하여 때(언제)를 나타낼 수도 있습니다.

3.

⑴ 동물원에 가면 코끼리를 볼 수 있습니다.

⑵ 도서관에 가면 책을 읽을 수 있습니다.

⑶ 친구와 놀이터에서 만나기로 약속했습니다.

⑷ 가족과 제주도로 여행을 가고 싶습니다.

⑸ 자전거를 타고 하늘을 나는 꿈을 꾸었습니다.

⑹ 공원에서 귀여운 강아지를 보았습니다.

⑺ 노란 개나리꽃이 활짝 피었습니다.

⑻ 빨간 딸기가 아주 맛있어 보입니다.

'짧은 글 짓기'에서는 주어진 낱말을 반드시 순서대로 써야 하는 것은 아닙니다. 낱말의 순서를 바꾸어 써도 좋습니다.

2과 두 문장 쓰기   19쪽

1.

⑴ 민지는 옷을 입고 거울을 보았습니다.

⑵ 태우는 이가 아파서 밥을 먹지 못했습니다.

⑶ 세호는 키가 작지만 힘이 셉니다.

⑷ 운동장에서 은수를 만나기로 했는데 은수가 오지 않았습니다.

⑸ 호떡이 너무 뜨거워서 후후 불면서 먹었습니다.

⑹ 일기를 쓰려고 필통을 열었는데 연필이 한 자루도 없었습니다.

⑺ 여름은 덥습니다. 그리고 겨울은 춥습니다.

⑻ 용돈을 받았습니다. 그래서 학용품을 샀습니다.

⑼ 나는 야구를 좋아합니다. 하지만 잘하지는 못합니다.

※ 이어 주는 말은 다음과 같이 쓰입니다.

• 그리고: 앞뒤의 문장이 순서대로 이어지거나 내용이 비슷한 두 문장이 이어질 때 쓰입니다.

• 그래서: 앞뒤 문장이 원인과 결과로 이어질 때 쓰입니다.

• 하지만, 그런데: 앞뒤 문장이 서로 반대되는 내용일 때 쓰입니다.

• 그런데: 앞 문장의 내용과 다른 방향으로 뒤 문장을 이끌어 나갈 때 쓰입니다.

   예 일찍 왔구나. 그런데 아침은 먹었니?

⑹ 앞 문장에서 필통을 열었을 때는 당연히 연필이 있을 줄 알았을 것입니다. 그런데 뒤 문장에서 '연필이 한 자루도 없었다'라고 했습니다. 이와 같이 앞 문장 내용과 뒤 문장의 결과가 반대로 나오는 때에 '하지만' 이나 '그런데'를 쓸 수 있습니다.

2.

(1) ① ○   ② △

(2) ① △   ② ○

(3) ① ○   ② △

(4) ② 토끼까 뛰어갑니다.

　　(나뭇잎이 떨어집니다.)

(5) ① 아이들이 꽃밭에 물을 줍니다.

　　② 나비가 날아다닙니다.

　　(강아지가 뛰어다닙니다.)

(6) ① 아이들이 숨바꼭질을 합니다.

　　② 여자아이가 의자 뒤에 숨었습니다.

　　(남자아이가 눈을 감고 나무에 기대어 있습니다.)

(7)

> 어머니와 함께 치과에 갔다. 의사 선생님께서는 내가 평소에 이를 잘 닦지 않아서 이가 썩었다고 하셨다. <u>이를 잘 닦지 않은 게 후회되었다.</u> 의사 선생님께서 치료해 주시는 내내 눈물이 나왔다. ｜이제부터 이를 잘 닦아야겠다.｜

(8)

> 텔레비전을 보고 있는데 아버지께서 대청소를 하자고 하셨다. <u>나는 너무 귀찮았다.</u> 아버지께서는 내게 책상과 장난감 정리를 맡기시고, 누나에게는 가구 닦는 일을 맡기셨다. 청소를 끝내고 나니 집 안이 반짝반짝 빛났다. ｜깨끗한 집을 보니 내 기분도 상쾌해졌다.｜

(9) 우리 가족은 지난여름에 바다로 여행을 갔다. 바다에서 수영도 하고 조개도 주웠다. 무척 즐거웠다.

(10) 눈이 내렸다. 친구들과 눈싸움도 하고 눈사람도 만들었다. 신나고 재미있었다.

3.
(1)

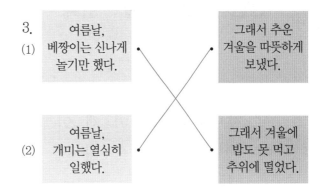

여름날, 베짱이는 신나게 놀기만 했다. — 그래서 겨울에 밥도 못 먹고 추위에 떨었다.

여름날, 개미는 열심히 일했다. — 그래서 추운 겨울을 따뜻하게 보냈다.

(3) ① 그래서 이가 썩었다.

　　② 그래서 어머니께 꾸중을 들었다.

(4) ① 그래서 우산을 썼다.

　　② 그래서 집까지 달려갔다.

(5) ① 동생과 잘 놀아 주었다.

　　② 내 방을 깨끗이 청소했다.

(6) ① 친구가 싫어하는 별명을 불렀다.

　　② 실수로 친구의 발을 밟았다.

(7) 그래서 거북이가 이겼다.

(8) 두루미는 병 속에 음식을 담아 주었다. 그래서 여우는 음식을 먹지 못했다.

1.

(1)

	성	진	이	는		민	재	와	
놀	이	터	에	서		술	래	잡	기
를		했	어	요	.				

(2)

	갑	자	기		비	가		쏟	아
졌	어	요	.						

(3)

	현	진	이	는		부	모	님	과	∨
함	께		공	원	으	로		소	풍	
을		다	녀	왔	어	요	.			

(4)

	수	현	이	는		음	료	수	를	∨
마	시	다	가		옷	에		쏟	았	
어	요	.								

2.

(1)

	개	미	는		곤	충	이	다	.

(2)

	식	탁		위	에		사	과	,
딸	기	,		포	도	가		있	다	.

(3)

	뭐		먹	을	래	?		나	는	∨
김	밥	을		먹	고		싶	어	.	

(4)

	형	이		"	준	아	,		이	리	∨
와		봐	.	"		하	고		말	했	
다	.		나	는		'	또		뭘		
시	키	려	는		거	지	?	'			
하	고		생	각	했	다	.				

(5)

	나	는			'	내	일		눈	이	∨
오	면		좋	겠	다	.	'	라	고		
생	각	했	다	.							

(6)

	"	훈	아	,		맛	있	지	?	"	∨
하	고		누	나	가		물	었	다	.	
	훈	이	는			'	맛	없	는	데	∨
뭐	라		말	하	지	?	'		라	고	∨
생	각	하	며		미	소	지	었	다	.	

(4), (5), (6) 대화나 생각하는 말 뒤에 '하고' 또는 '라고'가 붙어 문장이 이어지기도 합니다. 이때, '하고'는 앞말과 띄어 쓰고, '라고'는 앞말과 붙여 씁니다.

(6) 글을 마치고 마침표를 써야 할 공간이 없으면, 글자와 함께 쓰거나 옆 공간에 씁니다.

3.

(1) ×

(2) ○

(3)

	우	리	는		오	전		10	시	∨
30	분		기	차	를		탔	다	.	

(4)

	20	00	원	을		내	고		50
0	원	을		받	았	다	.		

(5)

	한		학	년	에		20	0	명
씩		총		12	00	명	이		우
리		학	교	에		다	닌	다	.

1.

(1) 수의사

(2) 아픈 동물을 치료해 주고, 병에 걸리지 않도록 잘 보살피고 싶습니다.

2.

(1)

보기 글을 흉내 내어 쓰도록 합니다. 41쪽에 쓴 (3), (4)번의 답을 참고하여 자신의 꿈에 대한 글을 완성합니다.

2.

(1) 건희

(2) 다원, 해진

(3) 해진

3.

(1) (승민이)가 (은우)에게

(2) (4)월 (28)일 (토)요일

(3) 승민이네 집(웃는 아파트 107동 201호)

(4)

> 46쪽의 글을 흉내 내어 씁니다. 친구에게 생일잔치에 와 달라는 내용을 씁니다. 생일 초대 쪽지이므로, '때(시간)'와 '곳(장소)'이 들어가도록 씁니다.

5.

(1)

태희야, 우유를 먹다가 쏟았을 때, 청소를 도와주어서 고마워. 너처럼 착한 친구와 오랫동안 친하게 지 내고 싶어. 민수가

(2)

진우야, 친구들과 함께 있을 때 너에게 뚱뚱하다고 말 해서 미안해. 앞으로 말조심할게. 민수가

(3)

받을 사람	경비 아저씨
전하고 싶은 말	다른 일로 바쁘실 텐데 경비 아저씨께 서 우리 집까지 우편물을 가져다주셔 서 감사했다. 앞으로는 경비 아저씨께 인사도 더 잘하겠다.

경비 아저씨, 다른 일로 바쁘실 텐데 저희 집까지 우편물을 가져다주셔서 감사합니다. 앞으로 아저씨께 인 사도 더 잘하겠습니다. 민수 올림

2.

(1)

> 오늘 하루를 돌아보며, 주어진 '때'와 관련
> 하여 '있었던 일'을 하나씩 씁니다.
> '때'의 마지막 칸은 각자 떠올려서 언제, 어떤
> 일이 있었는지 씁니다.

3.

(1) ②, ③

(2) ②, ④

(3) ②, ③

(4) 미루지 않고 준비물을 바로바로 챙겨야겠다.

(5) ① 새로 산 지우개를 잃어버렸다.

    ② 지우개를 잃어버려서 너무 속상했다.

(6) ① 주인 잃은 강아지를 집으로 데려왔다.

    ② 강아지 주인이 빨리 나타나면 좋겠다.

4.

(1) 저녁을 먹고 〈해와 달이 된 오누이〉를 읽었다.

(2) 수업을 마치고 진수와 놀이터에 갔다.

(3) 어머니께서 사과를 사 오셨다.

(4) 해수는 수영을 좋아한다.

(5) 동생은 오이를 잘 먹지 않는다.

(6) 윤주는 문구점에 가서 공책을 샀다.

(7) 하얀 나비가 장미꽃 위에 앉았다.

(8) 지은이는 커다란 곰 인형을 좋아한다.

(9) 유빈이는 긴 머리에 분홍 핀을 꽂고, 둥근 안경을
    썼다.

(10) 찬우는 병에 시원한 물을 담았다.

(11) 커다란 배가 강물 위에 둥실둥실 떠 있다.

(12) 마술사는 주머니에서 작은 꽃을 꺼냈다.

(13) 시원한 바람이 솔솔 불어온다.

(14) 탐스러운 포도가 주렁주렁 열렸다.

(15) 귀여운 아기가 방실방실 웃는다.

> (1)~(6) '을/를' '와/과'의 쓰임
> ① 받침이 있는 말 뒤에서는 '을', 받침이 없는
>   말 뒤에서는 '를'을 씁니다.
> **예** 나는 밥을 먹었다. 나는 사과를 먹었다.
> ② 받침이 없는 말 뒤에서는 '와, 받침이 있는
>   말 뒤에서는 '과'를 씁니다.
> **예** 누나와 줄넘기를 했다. 형과 노래를 불렀다.

5.

(1) ① 지각   ② 게임

(2) ① 덧셈, 뺄셈 문제를 잘 풀어서 선생님께 칭찬을
    받았다.

    ② 마음이 뿌듯했다.

(3) ① 어머니와 공원에서 자전거 경주를 했다.

    ② 경주에 이겨서 기분이 좋았다.

(4) ① 아버지께서 태권도 시합에 못 오시게 되었다.

    ② 너무 아쉬웠다.

(5)

	수	업		시	간	에		덧	셈,
뺄	셈		문	제	를		풀	었	다.
답	을		틀	리	는		아	이	들
이		대	부	분	이	었	지	만	,
나	는		어	제		예	습	을	
해		두	어	서		쉽	게		풀
었	다.		선	생	님	께	서		머
리	를		쓰	다	듬	으	며		칭
찬	해		주	셨	다.		마	음	이
뿌	듯	했	다.						

(6)

	6월 3일 수요일 해가 반짝반짝
	자전거 경주
공이 곧 아 좋	어머니와 함께 공원에서 자전거 경주를 했다. 공원 입구에서 수돗가까지 먼저 갔다 오는 사람이 이기는 거였다. 처음에는 어머니가 앞섰지만, 곧 내가 따라잡아서 경주에 이겼다. 어머니께서 아이스크림을 사 주셨다. 경주에 이겨서 기분이 좋았다.

6. '있었던 일(글감)'을 찾는 방법은 여러 가지입니다. 아래와 같이 하루를 시간이나 장소 등으로 나누어 돌이켜 보며 글감을 찾을 수 있습니다.

① 시간(아침, 점심, 저녁)으로 나눕니다.
② 장소(집, 학교, 학원 등)로 나눕니다.
③ 감정(기쁨, 슬픔, 화 등)으로 나눕니다.
④ '한 일, 본 일, 들은 일'로 나눕니다.

이외에도 다양한 방법으로 글감을 찾을 수 있습니다.
글감을 찾은 뒤에는 그 일을 시간 순서대로 머릿속에 자세히 떠올려 봅니다. 그 일을 겪으며 들었던 느낌이나 생각도 떠올립니다. 그런 다음, 그 내용을 일기에 적습니다.

7과 겪은 일 쓰기 79쪽

2.

(1) ① 꽃밭, ② 꽃, ③ 꽃, ④ 꽃

(2)

언제	일요일 오후.
있었던 일	혼자서 자전거 타기에 성공했다.
느낌이나 생각	자전거를 혼자 탈 수 있게 되어 참 뿌듯하다.

4.

(1) ① 어제
    ② 지금
    ③ 내일
(2) ① 지난주에
    ② 현재
    ③ 다음주에
(3) ① 보았다
    ② 본다
    ③ 볼 것이다

제시한 답안 이외에도 과거, 현재, 미래에 들어갈 말을 다양하게 쓸 수 있습니다.

5.

(1) ② → ① → ④ → ③

(2)

	지난주 토요일 아침, 가족과 함께 등산을 갔
다	. 산에 오를 때 오르막길이 많아서 무척 힘
들	었다. 점심에 산 위에서 김밥을 먹었다. 산에
서	먹으니 맛이 더 좋았다. 내려오는 길에 미끄
러	져서 엉덩방아를 찧었다. 그래도 즐거웠다.

겪은 일은 시간 순서에 따라 차례대로 씁니다. 그래야 읽는 사람이 내용을 쉽게 이해할 수 있습니다. 이때, 시간을 나타내는 말을 사용하면, 글을 쓰면 순서대로 쓰는 데 도움이 됩니다.

1.

(1) ① 설
　② 주

(2) ① 주
　② 설

(3) ① 주
　② 설

(4) ① 설
　② 주

2.

(1)

	① 집을 나와 왼쪽에 있는 (꽃집)을 지나 앞으
로	쭉 간다. ② (우체국)이 있는 오른쪽 골목으
로	들어간다. 삼거리가 나오면,(빵집)과 (문구점)
사	이에 있는 골목으로 어간다. ③ 그 길로 계속
쪽	가면 (학교)가 있다.

(2)

	① 신호등이 (빨간)불일 때는 멈추고 (초록)불
로	바뀔 때까지 기다린다. ② 신호등이 초록불로
바	뀌면 (차)가 오는지 안 오는지 왼쪽과 (오른쪽)
을	잘 살핀다. ③ 차가 멈춘 것을 확인한다. ④
(손	)을 들고 횡단보도를 건넌다.

3.

(1) 사과, 배, 복숭아는 과일이다.

(2) 공책, 연필, 지우개는 학용품이다.

(3) 소금은 짜지만, 설탕은 달다.

(4) 토끼는 꼬리가 짧지만, 다람쥐는 꼬리가 길다.

(5) 나무는 뿌리, 줄기, 잎으로 이루어져 있다.

(6) 자전거는 핸들, 안장, 바퀴 등으로 이루어져 있다.

(7) 여러 나라의 인사법

(8)

나라	인사하는 방법
우리나라	허리를 굽혀 인사한다.
몽골	껴안으며 인사한다.
사우디아라비아	뺨을 대며 인사한다.
티베트	혀를 쏙 내밀며 인사한다.

(9) 코

(2)

	코끼리는 몸집이 크고, 코가 매우 길다. 정글
이	나 초원에 살면서 과일이나 나무껍질, 풀 등
을	먹는다.

(3)

	해바라기는 키가 무척 크다. 꽃은 크고 둥글며,
꽃	잎은 노란색이다. 꽃의 가운데에는 씨가 많이
박	혀 있다. 해바라기 씨는 통째로 먹기도 하고,
씨	를 짜서 기름으로 먹기도 한다.

4.

(1)

	악어는 (몸)이 단단하고, (이빨)이 뾰족하다.
물	속이나 (늪)에 살면서 새나 (물고기) 등을 먹
는	다.

1.

(1) ①

(2) ①

(3) ②

(4) 욕

(5) 쓰레기

> (1) 그림을 보면, 횡단보도가 아닌 곳에서 아이가 길을 건너고 있습니다. 횡단보도가 아닌 곳에서 길을 건너면 사고가 날 위험이 큽니다. 교통 신호를 지켜, 횡단보도에서 길을 건너야 보행자와 운전자 모두 안전합니다.
> 따라서 이 그림을 보고 '횡단보도에서 길을 건너자'라는 주장을 할 수 있습니다.

2.

(1)

사실	훈이는 아이스크림을 4개나 먹었다.
주장	아이스크림을 너무 많이 먹지 말자.
까닭	배가 아플 수 있기 때문이다.

(2)

사실	은영이와 친구들이 지하철 안에서 시끄럽게 떠들었다.
주장	지하철 안에서는 조용히 하자.
까닭	다른 사람들에게 방해가 되기 때문이다.

(3)

사실	희수가 씻지 않은 과일을 먹었다.
주장	과일은 씻어서 먹어야 한다.
까닭	씻지 않은 과일에는 먼지나 농약이 묻어 있을 수 있기 때문이다.

(4)

사실	누군가 아파트 복도에 음식물 쓰레기를 버렸다.
주장	아파트 복도에 음식물 쓰레기를 버리지 말자.
까닭	주변이 더러워지고 냄새가 나기 때문이다.

3.

(1)

	지구는 이래서 아프다	왜 그렇게 생각해?
재성	사람들이 자동차를 많이 타고 다닌다.	자동차에서 나오는 매연으로 공기가 오염되기 때문이다.
유선	집에서 세제를 많이 사용한다.	세제를 많이 쓰면 물이 오염되기 때문이다.
나	사람들이 쓰레기를 아무 데나 함부로 버린다.	쓰레기를 함부로 버리면 땅이 오염되기 때문이다.

2.

(1) ① (3)

  ② (5)

  ③ (1)

  ④ (4)

  ⑤ (2)

(2) ⑤

(3) ①

(4) ②

(5) ③

(6) ① (4)

  ② (1)

  ③ (3)

  ④ (2)

(7) ⑤

(8)

'까치의 고운 말씨'를 읽고
강원 동해 초등학교
2학년 4반 신나리
'까치의 고운 말씨'를 읽었다. 이 책을 읽으면 우리가 왜 고운 말씨를 써야 하는지 알게 된다.
어느 숲속에 여러 달 동안, 비바람이 몰아쳐 새들은 먹이를 구할 수가 없었다. 새들은 쥐에게 가서 음식을 얻어 오기로 했다. 꿩과 비둘기는 쥐에게 건방지게 말해서 음식을 얻지 못했다. 하지만 까치는 쥐에게 공손히 말해 음식을 얻을 수 있었다.

남에게 음식을 얻으러 갔으면 예의를 갖춰서 말해야 한다. 꿩과 비둘기처럼 건방지게 말하면 나도 음식을 나눠 주고 싶지 않을 것 같다.

우리 반에도 욕을 하거나 사납게 말하는 아이가 있다. 그런 아이와는 친하게 지내고 싶지 않다. 반대로 고운 말을 쓰는 친구에게 관심이 가고 사귀고 싶은 마음이 든다. 그러니 나도 고운 말을 쓰는 사람이 되어야겠다.

교재에서 제시하고 있는 방법 이외에도 다양한 방법으로 처음 부분을 쓸 수 있습니다.
① 책 전체의 내용을 짧게 씁니다.
② 책 표지의 그림을 보고 든 생각을 씁니다.
③ 주인공을 짧게 소개합니다.

이외에도 자신이 생각한 다양한 방법으로 처음 부분을 쓸 수 있습니다.

3.

(1) ① (5)

  ② (1)

  ③ (2)

  ④ (4)

  ⑤ (3)

(2) ⑤

(3)

'게으름뱅이 농부'를 읽고

충북 제일 초등학교

2학년 5반 조아라

'게으름뱅이 농부'를 읽었다. 게으름뱅이 농부를 보며 자기가 할 일은 스스로 해야 한다는 것을 깨닫게 되었다.

농부가 마차에 짐을 가득 싣고 이웃 마을로 떠났다. 빨리 가고 싶은 마음에 농부는 말을 채찍으로 때렸다. 그러자 마차가 도랑으로 굴러떨어졌다. 농부는 말이 다시 마차를 끌고 갈 수 있게 해 달라고 산신령에게 빌었다. 산신령은 도랑에 빠진 마차를 끌어낼 생각은 않고, 자신만 찾는 농부를 크게 꾸짖었다. 농부가 산신령을 목 놓아 불렀지만, 산신령은 사라져 버렸다.

자신이 할 수 있는 일은 스스로 해야 하는데 농부는 그러지 않고 산신령에게 의지하려고만 했다. 농부처럼 남에게만 의지하면 스스로 할 수 있는 일이 없어진다. 그러니까 자기가 할 일은 스스로 하는 힘을 길러야 한다.

나도 게으름뱅이 농부처럼 내가 해야 할 일을 하지 않는 경우가 있다. 준비물 챙기기, 장난감 정리 등 스스로 해야 할 일을 하지 않고 어머니께 미룬 적이 많다. 이제부터 내가 할 일은 스스로 해야겠다.

2.

(1) 조선, 한글, 영토

(2) 책, 몸, 책

(3) 장영실, 측우기, 농사

(4) 한글, 한글

(5) ③

(6) ②

(7)

만약, 세종 대왕이 최만리와 같은 일부 학자들의 반대 때문에 한글 만드는 일을 포기 했다면 어떻게 되었을까? 그 어려운 한자를 배워야 한다고 생각하면 정말 한숨이 나온다. 자기가 옳다고 생각하는 것을 끝까지 밀고 나가는 세종 대왕의 모습이 참 멋있다.

(8)

'세종 대왕'을 읽고
안산 하나 초등학교
2학년 3반 나다운
세종 대왕은 조선 시대 왕이다. 문화, 과학, 정치 등에서 훌륭한 업적을 남겼다. 집현전 학자들과 함께 한글을 만들었다. 그리고 측우기, 해시계 등을 만들도록 하여 과학 기술을 발전시켰으며, 압록강과 두만강까지 영토를 넓혔다.
세종 대왕은 최만리를 비롯한 일부 신하들의 반대에도 불구하고 한글을 만들었다. 백성들에게 어렵고 복잡한 한자 대신 쉬운 한글을 배우게

여 그들의 답답함을 풀어 주고자 한 것이다.

　　만약, 세종 대왕이 최만리와 같은 일부 학자들의 반대 때문에 한글 만드는 일을 포기했다면 어떻게 되었을까? 그 어려운 한자를 배워야 한다고 생각하면 정말 한숨이 나온다. 자기가 옳다고 생각하는 것을 끝까지 밀고 나가는 세종 대왕의 모습이 참 멋있다.

　　세종 대왕은 백성들을 위해 많은 일을 하신 훌륭한 임금이었다. 나도 그런 점을 본받아 나보다 어려운 사람을 위해 일하고 싶다. 그리고 한글을 만드신 세종 대왕의 정신을 이어받아서, 우리 말과 글을 사랑하고 고운 말과 글을 써야겠다.

　　예시 답안에서는 143쪽 (4)번의 요약 내용과, 146쪽의 느낌·생각을 이용해 독후감을 썼습니다.

3.

(1) 화가, 어머니

(2) 여자, 공부, 학문

(3) 아이들, 공부, 계획

(4) 학문, 10, 절

(5) 얼룩, 포도, 비싼

(6) 우애, 부모, 사랑

(7)

조선 시대에 태어나지 않은 것이 천만다행이라는 생각이 들었다. 똑같은 사람인데 여자와 남자를 차별하다니 정말 기분 나쁘다. 신사임당은 그런 상황에서도 공부를 열심히 하다니 무척 의지가 강한 사람이라고 생각한다.

(8)

집안일과 일곱 자녀를 보살피는 일만으로도 무척 힘이 들었을 것이다. 그런데도 계획을 세워 공부를 게을리하지 않는 모습이 참 훌륭하다. 계획을 세워도 실천하기는 어려운 법인데 신사임당은 무척 성실하고 적극적이었던 것 같다.

(9)

그림 실력이 얼마나 뛰어났으면 치마에 묻은 얼룩을 가리려고 그린 그림이 비싼 값에 팔렸을까? 게다가 어려움에 처한 사람을 돕기 위해 그림을 그렸다는 점에서 신사임당이 더욱 훌륭하고 인자한 분이라고 생각한다.

(10)

'신사임당'을 읽고 울산 행복 초등학교 2학년 1반 공정한 　　신사임당은 조선 시대의 뛰어난 화가였다. 그림을 잘 그릴 뿐 아니라, 서예도 잘하고, 시도 잘 지었다. 또 남편에게는 어진 아내였고, 자녀에게는 슬기로운 어머니였다. 　　어머니가 된 신사임당은 집안일과 아이들 뒷바라지에 무척 바빴다. 하지만 자신의 공부를 게을리하지 않았다. 날마다 하루의 계획을 세우고 실천하려고 노력했다. 　　집안일과 일곱 자녀를 보살피는 일만으로도 무척 힘이 들었을 것이다. 그런데도 계획을 세워 공부를 게을리하지 않는 모습이 참 훌륭하다. 계획을 세워도 실천하기는 어려운 법인데 신사임당은 무척 성실하고 적극적이었던 것 같다. 　　신사임당은 지혜롭고 부지런했다. 아무리 바빠도 자신이 해야 할 일을 미루거나 대충하지 않았다. 나도 내가 할 일을 미루지 않고 성실히 하는 사람이 되어야겠다.

　　예시 답안에서는 151쪽 (3)번의 요약 내용과, 156쪽 (8)번의 느낌·생각을 이용해 독후감을 완성했습니다.

나의 생각 글쓰기